サブカルチャー妖精学

高畑吉男

星海社

275
SEIKAISHA SHINSHO

はじめに

ドラえもんも妖精の仲間？

「妖精ってどんな見た目をしている？」


そう訊《き》かれたら何を思い浮かべるだろうか。

蝶々やトンボの羽を背負った、手のひらに乗るほどの小人だろうか。

それとも尖《とが》った耳のエルフの精霊使いだろうか。

確かにそれらは妖精である。

しかし、妖精はファンタジー作品だけに出てくる存在とは限らない。実は、アニメや漫画、ゲームなどで日頃我々が親しんでいる数多くの作品で、さまざまな種類の妖精が活躍しているのだ。

ドラえもんも妖精と言えるかもしれない、と言ってあなたは納得するだろうか。

驚くなかれ、妖精の学術的な定義に照らし合わせると、ドラえもんも妖精としての条件を備えている、と言えるかもしれないのだ。


　そもそも妖精とは何だろうか。

　英語で言えばフェアリー、そしてエルフ。中にはピクシーやドワーフを挙げる人もいるだろう。

　アニメやゲームなどのコンテンツにおいて妖精は「亜人《デミ・ヒューマン》」または「自然霊などの自然の化身」として描かれることが多い。

　例えば『異世界食堂』に登場するフェアリーの長であるティアナ・シルバリオ16世は、手のひらに乗るほどの人型で蝶の羽を生やした、まさしく妖精という姿をしていて、花の国を治める女王である。

　また和製ファンタジーの金字塔『ロードス島戦記』に登場するハイ・エルフのディードリットは、帰らずの森出身の森の妖精族という設定だ。

　愛らしい姿で花々に囲まれる女王や、神秘の森からやって来たハイ・エルフというのは、まさに妖精そのものと言って良いだろう。

　しかしなぜ、我々は彼女たちを「まさに妖精」と感じるのだろうか。

確かに2人とも、自然との関わり合いが深い。
しかし、自然と関わり合いが深ければ妖精なのか。
そもそも「妖精」とはどういう存在なのだろうか。

民俗学の一分野である妖精学では、妖精はどのように定義されているのだろう。
妖精学？ そんな学問初めて聞いた！ という方も多いだろう。妖精を研究しているなんて、と驚くかもしれないが、例えば岡山の大学が桃太郎の研究をしているとか、東北の大学が河童《かっぱ》の研究をしているようなものだと言えば、納得していただけるのではないだろうか。

同じように、妖精（譚）もまたアイルランドやイギリスでは立派な研究対象なのだ。
そんな妖精学が提示する妖精の定義、その一例は次のようなものだ。

- 自然霊
- 自然の擬人化
- いにしえの神々

・堕天使
・死者の魂

これは妖精学の大家である井村君江氏の提示した妖精の分類なのだが「そうだね」というものから「ええ?」と言いたくなるものまで含まれている。

自然霊、自然の擬人化の2つは、そのまま妖精と言って差し支えがないだろうが、いにしえの神々、なにより堕天使、死者の魂と範疇が広がると、首を傾《かし》げたくなってくる。

しかし、妖精学では、それらも立派に妖精に数えられる。

じゃあ、妖精ってなに?

未来から来たネコ型ロボットがどうして妖精の仲間入りする可能性があるの?

『となりのトトロ』のトトロは妖精?

『ツイステッドワンダーランド』でディアソムニア寮の寮長を務めるマレウス・ドラコニアは?


振り返ってみれば、アニメ、ゲーム、ライトノベルと、多くのコンテンツに妖精が登場する。

これらの作品は、それだけで充分魅力的で、私たちの日常を彩り、ワクワクさせてくれる。

だが、妖精という非常に魅力的で神秘的な存在を知ればもっと楽しめる。

『Fate/Grand Order』のオベロンはどうして蟲《むし》なのか？

『魔法使いの嫁』でエリアスがチセに渡した穴あき石のペンダントは妖精とどういう関わりがあるのか。


私は長年、民話や伝承、いわゆる妖精譚といわれる物語群と共に過ごし、それを語ることを生業としてきた。

竪琴を爪弾き、土地の匂いのする「お話」を通して、彼らのことを知ってもらうために、アイルランドなどの妖精譚の故郷を訪ね歩き、その土地に根ざした物語も書き留めてきた。

ここでは漫画やアニメ、ゲームといったコンテンツを土壌として広がる妖精たちの姿を語ってみようと思う。

決して私は学者ではないけれど、今まで耳にし、触れてきた物語たちと、少なからず学んできた民俗学の一分野である妖精学を織り交ぜて解説していきたい。

この本を読み終える頃に、そういった妖精についての秘密が明かされ、あなたの好きな作品、好きなキャラクターについて、前より少しでも深くご理解いただけていたら「妖精譚の語り部」としてこれほど嬉しいことはない。

では、妖精たちの世界に旅立ってみよう。

目次

第5章 巨大メカと小さな妖精 聖戦士ダンバイン・重戦機エルガイムと美少女アニメ 115

第6章 三角帽子を被った妖精たち

とんがり帽子のメモル、銀曜日のおとぎばなし……
女児向け作品における妖精愛 131

第7章 草木百花に見え隠れする物語

スタジオジブリ作品 143

第10章 ドラえもんはなぜ妖精と言えるのか

終章 これからも広がる妖精郷 229

第1章 妖精たちが回す運命

Fate/Grand Order

妖精たちが華やかに活躍するコンテンツと言えば、まずはゲームが思い浮かぶだろう。ゲームセンターや家庭用ゲーム機も忘れてはならないが、今はスマートフォン向けアプリゲームが最も多くのユーザーを抱えている。ポケットに収まる画面が物語の入口であり、同時に妖精郷への扉になっている。

その中でまず紹介したいのが、アニプレックスが配信する『Fate/Grand Order』(以下FGO)である。

TYPE-MOONが手がける伝奇ファンタジー『Fate』シリーズの一作であるFGOは、シリーズの他作品と同じく、万能の願望機である聖杯をめぐって魔術師たちが争う聖杯戦争がベースとなっている。Fate シリーズは、魔術師たちが歴史上の英雄や神々などの「英霊」を「サーヴァント」として召喚し、使役して戦うストーリーで人気を博し、第1作『Fate/stay night』の発表以来、2023年現在に至るまでファンを魅了している。

骨太な展開、時に露悪的とさえ言える人物描写など、人を惹きつける要素が盛り込まれた Fate シリーズだが、やはり目玉はサーヴァントの存在だろう。アーサー王や、イスカンダル、ギルガメッシュ王など錚々たる英雄が登場し、彼らが行ったとされる偉業や逸話などを特殊能力として身につけ、「宝具」という切り札を振るう。名の知られた英雄たちが、どんな姿で召喚され、またFate世界でどう活躍するかを眺めるだけでも充分に楽しい。

そのシリーズの中で、もっとも多くの英霊が登場するのが本章で取り上げるFGOである。

人類史の存亡をかけた聖杯戦争が、全シリーズ中最大規模で展開されてゆく。500万字を超えるという膨大なテキストと、一歩間違えば人類が消滅してしまうという際どいストーリーは2023年8月現在で26章が配信されている。

そんなFGOにおける妖精の描かれ方を知ることで、Fateシリーズの面白さがより深められるのだ。さっそく見ていこう。

「妖精円卓領域 アヴァロン・ル・フェ」の原型となる出来事が実在した？

FGOの中でも特に妖精が活躍するのは、2021年6月11日から配信がスタートした

「第2部第6章 妖精円卓領域 アヴァロン・ル・フェ」だろう。まずは、この章のストーリーが妖精伝説を下敷きにしていることを見ていこう。

第1部で、ある大魔術師が企てた人類史滅亡を阻止した主人公たち、人理継続保障機関フィニス・カルデア（以下カルデア）のメンバーたちは、第1・5部を経て、第2部 Cosmos in the Lostbelt に至る。

第2部は異聞帯《ロストベルト》を舞台とする。


――生命に競争があるように、歴史にも勝敗がある。

〝現在〟とは正しい選択、正しい繁栄による勝者の歴史。

これを汎人類史と呼び、過った選択、過った繁栄による敗者の歴史。

〝不要なもの〟として中断され、並行世界論にすら切り捨てられた〝行き止まりの人類史〟――これを、異聞帯と呼ぶ。

（ゲーム内より引用）


カルデアのメンバーたちは異聞帯のブリテンが非常事態にあることを知る。異聞帯ブリテン。そこが崩壊すれば、地球も消滅するという。

彼らが向かった先の妖精國ブリテンは女王モルガンが支配する国だった。

作中では、ブリテンが滅ぶとドミノ倒しのようにこちらの世界も崩壊すると語られている。が、正直たまったものではない。

異聞帯とはそういうモノだから仕方がない、虚構の世界だからね、と言われたらそれまでだが、実は現実にも妖精の国が人間界を窮地に追い込んだことがあった――少なくとも、そう伝えられている。


「ジャガイモ飢饉」


世界史を学んだ人ならば聞いたことがあるだろう。

19世紀、アイルランドを襲った大飢饉。アイルランドの主食であったジャガイモが疫病にかかり、未曾有の食糧難が起こったのだ。総死者数約100万を出したこの飢饉をきっかけに、アメリカなど海外への移住を含め、50年で人口の約50%が減少したというのだから、その凄まじさは想像に難くない。

もちろんこの原因としては、当時アイルランドを支配下においていたイギリスの失策など様々な現実的要因があるのだが、当時のアイルランドでは、妖精にその理由があると囁《ささや》かれていた。

妖精たちの国での不和が、現実のアイルランドに飢饉をもたらしたと言うのだ。それにはアイルランドの成り立ちの神話が関わっている。


もともとアイルランドという国はアイルランド人のものではなく、妖精たち、ダーナ神族の末裔《まつえい》のものだと信じられてきた。その後、スペインから北上してきた人間のミレー族に神々は敗れてしまう。このミレー族というのが今のアイルランド人の直接の祖先だと言われている。

一方で人間に敗れ去った神々は、自らの領域を波の底、塚の下に移したという。

波の底とは、湖や海の底。塚の下というのは、アイルランドに幾万も点在する古代の遺跡、古墳のこと。つまり古き神々は水底や地下世界に住んでいるのだ。

彼らは長い歳月の間忘れ去られ、捧げ物もされなくなり、徐々に縮んでいった。

いつしか彼らの影は薄れ去り、幽界の存在として、また文字通り小人となって、ついには私たちが「妖精」と呼ぶ存在となったのだ。

けれど、本来は神霊である彼らは、人智を超えた力を持ち、家畜や農作物、とりわけ天候などを左右する力を持ち合わせている。

人々は彼らの機嫌を損ねないように暮らし、土地の真の持ち主は彼らである事を心に留めていた。

古《いにしえ》の神々——妖精たちが平和であれば、こちら側も安寧である。彼らの機嫌が良ければ、自ずと豊作豊漁に恵まれるというのだ。しかし、一度彼らが暴れ出すと……。

前述のジャガイモ飢饉の折には、妖精たちが空飛ぶ馬に跨がり戦う姿が度々見られたと、人類学者ウォルター・エヴァンスは伝えている。妖精界の戦争が人間界の飢饉を生んだのだ。

妖精たちが戦争をするだけで、国1つを滅ぼしかねない飢饉が起きるのだ。なるほど確かに、妖精國ブリテン全土が崩壊すれば、地球も崩壊の危機だろう。

FGOが妖精の伝承をストーリーにうまく取り入れていることが、この例ひとつで分かるだろう。

元の妖精譚より優しくなった妖精國女王モルガン

ここからは、「アヴァロン・ル・フェ」に登場する妖精たちのキャラクター造形をおさらいしつつ、元ネタの妖精譚と比較することで、Fateは妖精をどう扱っているのか、妖精を通して見えるFateのユニークさを考えていきたい。

まずは妖精國女王モルガンである。

第2部第6章のタイトルでもある「アヴァロン・ル・フェ」が、アーサー王伝説に登場するアーサー王の姉で強敵の妖姫モルガン・ル・フェに由来していることは名前から明らかだ。

モルガンが戦うのは、Fate世界のアーサー王アルトリアである。

未プレイの方もおられるかと思うので説明しておくと、Fate世界でのアーサー王は女性であり、アーサーではなくアルトリアという名前で登場する。その容姿は「アルトリア顔」として、アーサー王以外のキャラクターにも見られるし、モルガンもまた、アルトリア顔である。

この女王モルガンは確かに暴君であるが、単純な悪役とも言い切れない。話が通じないこともなく、何より彼女は、妖精國ブリテンの存続を一番に考えて行動している――たとえ、住人である妖精がすべて死に絶えても。

昔から伝わる妖精譚に登場する妖精女王や妖精王と比べると、彼女はだいぶ優しい。神話世界のモルガンであれば、異分子である並行世界の魔術師たち、つまり主人公たちと出会った時点で、圧倒的な力を見せつけて初撃で葬ってしまっているはずだ。

モルガンの名前は、アイルランドの戦女神にして大女王モリガンに由来するが、女神モリガンはFGOの女王モルガンのような為政者ではなく、魔法と戦いの女神として、カラスに変身し、戦場を飛びさすらい、戦況をより混沌とさせるために呪いの鳴き声を上げながら飛翔する凶悪な存在で、ヒンドゥーの女神カーリーにも比肩する存在なのだ。戦い方もまた恐ろしく、狙った相手をオオカミやオオウナギなどに変身しながら執拗に狙うかと思えば、魔法で敵の心臓の血を止めて勇敢さを奪ったり、不治の傷を負わせたりと凄まじい戦女神の活躍を見せる。それればかりか、味方した神の勝利に際しても、その治世が永遠でないことを予言するという。

妖精國ブリテンを治めるのが、問答無用で相手の心を奪い取ったり、時には瞬く間に命を狩り尽くしたりする伝承上の女神ではなく、FGOの妖姫モルガンだったことは主人公たちにはラッキーだった。

統治者として描かれる妖精女王

「アヴァロン・ル・フェ」に登場する妖精女王は他にもいる。メイヴとノクナレアだ。

メイヴのモデルは、カルデアでコノートの女王として登場する伝承上の女王メイヴである。メイヴとはもともと、蜂蜜酒と支配権の女王だ。

メイヴの名前はフレーバーテキストにもあるようにミード（蜂蜜酒）に通じ、彼女は配偶者に支配権を授けるときに、自らの血、一説には経血を混ぜた蜂蜜酒を飲ませたという。


他方でノクナレアの先代とされているのはマブだが、その名前は多くの妖精伝承で登場し、シェイクスピアの『ロミオとジュリエット』で一躍有名になった。

『ロミオとジュリエット』でロミオの友人マーキュシオは歌う。

マブはそれはそれは小さな夢の紡ぎ手で、ハシバミの殻に乗って眠る人の頭上を通り過ぎる。この時、彼女は人に夢を見させるという。恋人たちにはキスの夢、宮廷人にはお辞儀の夢……。

ハート型のオーラを振り撒きながら現れるノクナレアだが、やはり異聞帯。我々の知っている細やかで愛らしい夢魔マブとは少し性格が違っている。

自由奔放に、そして自分に絶対の自信があるところは変わらないが、ノクナレアの方がより女王としての威厳があるように思える。

作中、北米戦線の女王メイヴも、異聞帯のノクナレアも、方法にいささか難があるものの、しっかりと女王の名に恥じない統治者として活躍している。

ちなみに、メイヴとマブの音が似ていたことなどから、2人は紐付けられやがて同一視されてゆく。この音が似ている、もしくは音通するというのは、民俗学や宗教学で重要なことである。近しいところで言えば、元々狐と関係なかった稲荷神とされた宇迦之御魂神《うかのみたまのかみ》の別名が御饌津神《みけつのかみ》。この「けつ」が狐の古名の「けつ」とつながって三狐神とされてゆき、稲荷神＝狐という連想、同一視が起こっていったという。

このような混同、同一視、習合は東洋西洋問わず、意図的にしろ偶発的にしろ、よく起こることなのである。

妖精譚よりも騎士物語の影響が強いオベロン

このストーリーでもう1人重要な妖精がいる。オベロンである。

彼は民間伝承などの妖精王ではなく、これまたシェイクスピアの『夏の夜の夢』に登場するオベロンとしてのサーヴァントだと自ら語る。

『夏の夜の夢』はオペラだけでなく映画にもなっていて、また漫画『ガラスの仮面』での劇中劇として目にした方も少なくないのではないか。

アセンズの森で繰り広げられる人間たちの恋のから騒ぎと、妖精王オベロンと妖精女王ティターニアの争いが交錯し、思わぬ方向に話が進むいわゆる群像喜劇である。

このシェイクスピアという作家は、もしかして妖精たちと交流があったのではないだろうかと思えるほど、彼らを生き生きと描いた。

注目すべきは虫と妖精の融合である。

妖精女王ティターニアが眠るのは、麝香草《じゃこうそう》が咲き乱れ、スイカズラ、野バラ、麝香いばらが芳《かぐわ》しい天蓋を作る堤。

そこで女王お付きの妖精たちが、まだらの蛇やハリネズミ、イモリ、蜥蜴《とかげ》、カブトムシを追い払う歌を歌い、女王を寝かしつける。

オベロンもティターニアも、はっきりと大きさには言及されていないが、なんとも細やかで愛らしく思える。

この描写は後世の作家たちを大いに刺激したようで、これ以降、妖精と昆虫の融合は進んでいった。アーサー・ラッカムなどの著名な挿絵画家が昆虫の羽を背負った妖精を繊細に描き出し、昆虫型の妖精というイメージは広く定着してゆく。

それを踏まえてFGOのオベロンの造形を見ると、ゆったりとした童話風の装いに、王子様然とした髪型の美男。そして蝶の羽と、まさしく誰もが思い描く妖精王だろう。

加えて、彼の真の姿である「奈落の蟲ヴォーティガン」の造形に至っては、蟲に対するある種のフォビア（恐怖症）さえ引き起こす。


このようにシェイクスピアが作り上げたイメージを踏襲しているFGOのオベロンだが、作中でのオベロンの行動は、他の妖精たちと同じように『夏の夜の夢』でのオベロンとは些《いささ》か違っている。

『夏の夜の夢』のオベロンは、拗《こじ》れた恋人たちの仲を解きほぐしつつ、ちゃっかり自分の目的を遂げるが、FGOのオベロンは、アルトリアを救世主とするために、主人公たちが妖精國ブリテンにやって来る前から、あれやこれやと彼女を教え導く。

この妖精王オベロンが英雄を手助けするという形は、シャルルマーニュ伝説を描く武勲詩『ユオン・ド・ボルドー』でのオベロンの活躍に近い。

シャルルマーニュといえば、ヨーロッパに大帝国を築き上げたカール大帝のことで、FGOには大帝本人も、そして十二勇士の1人アストルフォも登場し、多くの人が一度は耳にしたことがあるのではないだろうか。

『ユオン・ド・ボルドー』のあらすじを紹介しよう。

シャルルマーニュの後継者争いに巻き込まれた主人公ボルドー伯ユオン。彼は降りかかる火の粉を払う途中でシャルルマーニュの実子を殺害してしまう。この罪を濯ぐためにユオンは、シャルルが課した、

- スルタン（イスラム世界における王）の宮殿に行き、彼が食事をとっている最中、姿を現すこと
- その上で、スルタンに最も近い賓客の首を取り、スルタンの娘に三度口付けすること

・カール大帝への貢ぎ物として、スルタンの顎鬚《あごひげ》を一摑み、歯を4本貰ってくること

という3つの難題を果たすために、アラビアへ向かう。

その途中に妖精の棲む森があった。森には妖精王が棲んでいて、不用意に足を踏み入れた者を捕らえて小鬼に変えてしまうという。

それでも近道として森を抜けることを選択したユオンの前に現れたのが、妖精王オベロンである。彼はユオンの一族を愛してきたのでユオンの旅の手助けをしようと、黄金とダイヤモンドに輝く城から名乗り出てきたのだ。

オベロンはユオンに、

・善良な者が持てばワインで満たされる魔法の杯
・穏やかに吹けば聞く者みな踊り出し、強く吹けばどんなに離れていてもオベロンが駆けつける象牙の笛

の2つを贈った。

これでユオンの旅路は成功が約束された……かのように見えたが、オベロンの魔法は嘘偽りのないものにしか扱えないという制約があった。しかしユオンは、スルタンの屋敷に入るとき、自分はイスラム教徒だと嘘をついてしまう。

この後、ユオンは、唇を奪った姫に助けてもらうという、騎士物語の王道的展開を経て無事に3つの使命を果たし、姫とともにフランスに帰還する。

この不運な騎士を手助けするオベロンは、アルトリアに魔術（ではなかったのだが）を教え、救世主への道を手助けしたFGOのオベロンと重なって見える。

FGOのオベロンの行動は、幻想的な妖精譚よりも人間味あふれる騎士物語の登場人物に近いのである。

FGOが妖精を人間らしく描く理由

そしてもう1人、Fateらしい妖精の描き方を考える上で忘れてはならない妖精がいる。ハベトロットだ。

物語のヒロインであるマシュを花嫁として支えるハベトロットは糸紡ぎに勤《いそ》しむ娘たち

の守護妖精だ。

妖精譚に出てくる彼女は背が低くて下唇が異様に大きく、デロンと垂れている。これは糸を紡ぐとき、紡ぎはじめに糸を舐めるのでそうなるそうで、彼女が糸紡ぎの妖精である証拠である。

一方で、妖精國ブリテンのハベトロットは、2つ耳のとんがり帽子を被った可愛い姿をしたブライダルフェアリーとして登場する。このキャラクター造形には恐れ入った。ハベトロットと言えば、欧州ではとてもポピュラーな民話に登場する妖精である。彼らは言いつけられた糸紡ぎが出来なくて困っている娘の代わりに、糸を紡いでくれる。多くの妖精がとんでもない対価を要求するのに、彼女はただただ娘たちの幸せを願って手助けをしてくれるのだ。

バッドエンドや悲惨な結末が多い妖精譚や民話では珍しい存在であるハベトロットは、FGOに特徴的な「人間らしい妖精」の象徴と言えよう。

ここまで紹介してきたモルガン、ノクナレア、オベロンもそうだが、妖精國ブリテンに住む妖精たちは、姿や名前、出自はしっかりと妖精であるのだが、妖精譚特有の残忍さや不条理さが希薄で、とても人間臭いのだ。

言ってしまえば、妖精という型に覆われた人間そのものだと考えても良いだろう。

Fateシリーズの原作者である奈須きのこのテーマは「人間賛歌」で、これは人理存亡を賭けた物語なのだから、作中の妖精が民話や伝承のような不条理な行動をせず、人間らしい造形になるのも当然かもしれない。

そういえば、妖精國ブリテンのモルガンが従える妖精騎士は、騎士道物語の花『アーサー王物語』に登場するトリスタン、ガウェイン、ランスロットら、円卓の騎士たちであった。このことからも、「妖精円卓領域 アヴァロン・ル・フェ」が妖精譚ではなく、あくまでも「人のための物語」であることは確かである。

「妖精円卓領域」の外で登場するクー・フーリン、フィン・マックール、ディルムッド

さて、ここまで「妖精円卓領域 アヴァロン・ル・フェ」に登場する妖精たちを見てきたが、FGOには妖精に縁の深いサーヴァントは他にも登場する。

まずはクー・フーリンだろう。アイルランドの光の神子と言われている彼は、半人半神

であり、前述の女王メイヴの仇敵として、多くのFateシリーズで登場する。彼自身はあくまでも英雄だが、彼の父である光の神ルグは、アイルランドのレプラコーンになったとされる。

妖精國ブリテンが崩壊すると連鎖的に地球も崩壊する、というくだりで説明したが、アイルランドの神々は地上の支配権を人間に譲った後、地下や水底に潜り妖精となった。もちろんルグも同じで、彼はレプラコーンという靴屋妖精になったという。

レプラコーンという名前を聞いたことのない人も、夜になると靴屋のお爺さんの工房に小人が現れて靴を作って行く、という童話を聞いた人も多いのではないだろうか。この童話と同じような妖精で、緑の山高帽に緑のジャケットを着た姿は、マスコットキャラクターとしてアイルランドでは至るところに見られる。

ルグが靴屋妖精だという理由は諸説あるが、一説にはレプラコーンという名前が「小さなルグ」という意味だからだそうだ。

次はフィン・マックール。フィオナ騎士団の団長としてアイルランドを駆け抜けた英雄である。

フィンという名前は彼の見事な金髪から付けられたのだが、確かにゲーム画面でも長く見事な金髪が槍捌きと共に揺れている。

このフィンという男は、作中の言動からも窺えるように、色男であるし、確かにモテた。

そして、ゲームのフィンと同じように、民話のフィンも、女性にだらしなかった。彼の女性遍歴は伝承中にも描かれている。

彼の見事な金髪は、彼を見初めた2人の妖精姫姉妹の恋のさや当てによって失われたという。

妹にフィンを奪われるのではないかと不安になった姉は、湖に魔法を掛ける。その湖に浸かったものは、若さを奪われてしまうようにと。

惚れた相手が老人になってしまっては元も子もない気もするのだが、フィンは姉の謀略にまんまと引っかかり若さを奪われてしまう。

後にそのことを知ったフィオナ騎士団の活躍により、彼は若さを取り戻すのだが、戒めのために、髪だけは白髪のままにしたという。

そしてマイルームで語られる第1の妻を妖精と争ったという話。

これは彼の最初の妻である妖精姫サヴァとのことである。

妖精郷の姫であったサヴァは意に沿わぬ妖術師に執拗に迫られ、それを拒んだことで鹿に姿を変えられてしまう。

鹿になった彼女はフィンに助けを乞い、フィンの居城にいる間だけ人の姿に戻れるようになった。

2人はいつしか愛し合うのだが、隙を見て妖術師がフィンに化けて、サヴァを誘拐してしまう。暫くして森で1人の赤子が見つかる。彼こそがフィンとサヴァの子であり、後のフィオナ騎士団随一の騎士にして素晴らしい吟遊詩人オシーンとなる。

因みにフィンの本名であるデムナはダマジカ。妻は鹿に変身させられ、2人の息子のオシーンは若鹿を意味する。

このようにフィンは実に鹿に縁深い。これは鹿が森の王であり、森は人智を超えた存在が棲まうところ。フィンと異界との繋がりがそこからも窺えるのである。

ちなみにフィンは、本国ではクー・フーリンよりも人気がある。

これはクー・フーリンとフィンのあり方の違いからきているようだ。

クー・フーリンは少年兵ながら、たった1人でアルスターを守り抜こうとした。その姿が後に、アイルランド独立のアイコンにもなった。

一方のフィンは、クー・フーリンのように救国の英雄というよりも、自由騎士団の団長としての側面が強く、各地にその足跡を残した。お陰で、ある種の「ご当地フィン」のような類話が各地に存在する。

クー・フーリンの登場するアルスター神話よりも、フィンの登場するご当地民話の方が、人々の口に上りやすかったのだろう。


さてフィンを取り上げたなら忘れてはならないのが、フィオナ騎士団の花、ディルムッドだろう。

彼はかなり初期からFate作品に登場していて、白眉は『Fate/Zero』だろう。

ケイネスのサーヴァントとして、セイバー・アルトリアと対峙したシーンの格好良さは、アニメで遺憾なく発揮された。

埠頭の倉庫で渡り合う槍兵と剣士の英霊。息も吐かせぬアクションと、宝具を使ったブラフ。英霊同士の戦いはかくの如く凄まじいものなのだなと思った方も多いのではないだろうか。

そこで言及される、ディルムッドの右目の泣きぼくろ。見た女性を惑わせ恋の病に罹らせるという妖精の祝福。

この愛の印は、Fate世界では右目の泣きぼくろとなっているが、もともとのアイルランド民話では「光るおでこ」だ。

彼が愛の印を授かった理由についてはこんな話が伝わっている。

老爺に、繋いでいた雌羊が逃げたので捕まえてくれと頼まれた面々だが、フィンもディルムッドも誰も捕まえられない。

「やれやれ。これだけの剛の者が揃っていてのぉ」と老人が試すと、いとも容易く雌羊は言うことを聞いた。

その夜、ディルムッドたちの寝所に、娘が入ってくる。

彼女は老爺の孫娘であったが、美しく、次々に団員が横たわるベッドに腰掛けてきた。

フィンたちはその都度口説《くど》こうとするのだが、彼女は「あなたはあの時私を大事にしなかったのに！」と撥ねつける。

とうとうディルムッドの番になり、彼女は言う。「今はあなたのものだけれど、いずれあなたは私を失う。けれど私があなたのものだったという証に」と彼女はディルムッドの額に口付けをした。

翌日になって、ディルムッドたちは知ることになる。

雌羊は「世間」、老爺は「死」そして娘は「若さ」だったのである。

どれだけ力を持っても世間を御することはできないし、誰も死には逆らえない。そして若さの最中にある者は、その素晴らしさ、大切さに気付かず、去ってからその価値に気がつく。

ゲームの中では右目の泣きぼくろとされている、若さの口付けた額の印は、愛の印となり、見る女性すべての恋心をかき立てる祝福であり、彼の言うところの一種の呪いとなったのであった。

「輝く貌《かお》のディルムッド」。確かにその通りだが、輝くデコッパチよりも、乙女を惑わす泣きぼくろの方が、彼の美丈夫さが伝わりやすいだろう。FGOのキャラ造形の妙である。

さて、Fate/Grand Order に登場する妖精を見てきたが、いかがだろうか。

こんな言葉がある。

「妖精とは、太古の神々の裔《すえ》」

妖精たちは昔からずっと「妖精」として存在していたのではなく、実は長い歴史の中で妖精になった者たちなのだ。初めは神々が零落し姿を変えた存在として、時に時代が下り、国が変わって、別の存在として語られ直したりもする。

妖精を人間のように考えたFateのように、妖精の描き方には作家や物語の紡ぎ手が少なからず影響してくることが伝われば幸いである。

第2章 名作童話のダークコラージュ

ツイステッドワンダーランド

ねじ曲がった学園

次に紹介するのは、2020年より、f4samuraiが開発・運営し、アニプレックスより配信されている『ツイステッドワンダーランド』（以下ツイステ）だ。

ディズニーによりアニメ映画化された『ふしぎの国のアリス』『シンデレラ』などをモティーフにしたリズムゲームとバトルの要素を備えた「ヴィランズ学園アドベンチャーゲーム」。

ディズニーアニメ映画をベースとしているなら、明るく前向きな内容だろうと思うのは気が早い。

ヴィランズ（悪役）学園アドベンチャーであり、『黒執事』で人気を博した枢《とぼそ》やな氏が原案、キャラクターデザインを手がけている。まさに一筋縄ではいかないゲームに仕上がっている。

大まかな設定は、別世界から飛ばされてきた主人公が、監督生として魔法士養成学校ナイトレイブンカレッジで、様々な問題に直面し、難物揃いの寮生たちと出会っていくというものだ。

舞台となるナイトレイブンカレッジの各寮は、ディズニーによりアニメ映画化されたおとぎ話に因んだものになっている。どの寮も、一度はそのタイトルを聞いたことのあるだろう物語をもとにしている。

ちなみに主人公は、グリムと住む学園長のお手伝い専門寮に住んでいる。

キャラクターデザインもさることながらストーリーの秀逸さ、個性豊かな登場人物たちは人気を博し、ディズニープラスでアニメ化が決まり、2022年3月から東京・松屋銀座を皮切りに全国でツイステッドワンダーランド展が開催された。

さて、おとぎ話には必ずと言って良いほど、妖精が付きものである。

ツイステにちりばめられた妖精的な事例を取り上げていたら、それこそ紙面が幾つあっても足りなくなるので、ここはもっと

寮の名前	設定	モチーフとなった作品
ハーツラビュル	ハートの女王の厳格な精神に基づく寮	不思議の国のアリス
サバナクロー	百獣の王の不屈の精神に基づく寮	ライオン・キング
オクタヴィネル	海の魔女の慈悲の精神に基づく寮	リトル・マーメイド
スカラビア	砂漠の魔術師の熟慮の精神に基づく寮	アラジン
ポムフィオーレ	美しき女王の奮励の精神に基づく寮	白雪姫
イグニハイド	死者の国の王の勤勉な精神に基づく寮	ヘラクレス
ディアソムニア	茨の魔女の高尚な精神に基づく寮	眠れる森の美女

も妖精係数の高い「オクタヴィネル寮」と「ディアソムニア寮」に的を絞ろうと思う。

ツイステに出てくる妖精には、どんな特徴があるのだろうか。また、そこから見えてくるツイステらしさとは何だろうか。

人魚たちのシマ

オクタヴィネル寮。海の魔女の慈悲の精神に基づく寮とされ、寮長はアズール・アーシェングロット。モティーフになっているリトル・マーメイド（人魚姫）や、海を彷彿《ほうふつ》させる設えが施された寮である。

このオクタヴィネル寮には、海に関係する種族が多く所属していて、寮長のアズール、そして彼の幼なじみである双子のリーチ兄弟、ジェイドとフロイドも人魚、つまりは妖精である。

人魚も妖精ですよ、と話すと一定数の人が「ええ？」と驚きの声を上げる。

だが、人魚こそ、世界中の伝承に登場する妖精界の花形なのだ。

人魚そのものについては後で詳しく説明するとして、一旦オクタヴィネル寮に話を戻そう。彼らは平素はちゃんと陸地に対応した人の足を持っていて（そもそも学園自体が地上にある）、日頃はモストロ・ラウンジというカフェを営んでいる。

古き世のマフィア風の装いをした彼らの営むラウンジは、寮生たちの憩いの場になっている……のだがそこはツイステッドワンダーランド。拗《ねじ》くれたキャラクターの紳士録なのがこのゲームの売りである。

寮長のアズール。

少し癖のある銀髪に、眼鏡と口元の黒子《ほくろ》が知的紳士の印象を与える。その容姿に違わず非常に優秀な成績をおさめている。尚且つ学園の過去100年分のテストを調べ、その出題傾向を纏《まと》めたというのだから恐れ入る。

彼は持って生まれた才だけでなく、絶え間ない努力の末に、今の学力と地位を手に入れたのだ。ちなみに、運動面については微妙というのがお約束だ。

さて、彼が営むモストロ・ラウンジは、飲食の提供だけでなく、学生たちの悩み相談を受けつけていて、見合った対価を支払いさえすれば、大抵のことは解決してくれる。

しかし、この対価というのがくせ者で、作中では、絶対に支払えない対価をふっかけ、挙げ句に半ば奴隷のようにこき使う展開がある。

その行いは、リトル・マーメイドに登場する海の魔女アースラ。人魚姫に脚を与える代わりに、声を奪ったあの魔女を彷彿とさせる。

ちなみにアズールの真の姿も下半身はタコ足なので、まさに海の魔女そのものである。

なぜ人魚は人を誘惑するのか

大ダコ、大イカのクラーケンなどの海魔は別として、人魚たち海の民は、恐らく最も古い妖精の一員だろう（タコ足の人魚は妖精譚で聞いたことはないが）。

人魚については、最も有名な妖精の1つである一方で、一般に知られていないことも数多ある。妖精学的な知見を軽くおさらいしよう。

人魚のルーツを辿《たど》れば古代バビロニアの壁画や、ギリシアの海神ポセイドンの息子トリトン、時に、海の泡から生じた美の女神アフロディテも人魚の姿で描かれている。

上半身が人、下半身が魚という、最もバランスのとれたスタイルはこよなく愛され、多くの画家や造形作家のモティーフとなった。

人魚と言えば一般的に、女性型で、海辺の岩場に腰掛け、長い髪を梳《くしけず》りながら歌っている姿を想像することだろう。中には竪琴を弾きながらとか、鏡で顔を見ながらと想像する人もいるだろう。

この人魚たちの、大抵は女性で、櫛《くし》、鏡を持ち、時として竪琴などの楽器を弾く姿はどこから来たのだろうか。

これらは人魚が、本来水界の神、つまり海や川などの水域を擬人化したものであることに由来する。

水中に私たちと同じような知的生命体がいれば、彼らは体のどこかが魚の姿をしているはずだ。シンプルな連想である。もちろん半魚人や、中には上半身が魚で下半身が人という強者もいるが、ここでは一般的な人魚に絞って説明してゆく。

海や川に神、もしくは神に準じる存在がいたとして、人は何を願うだろうか。

もちろんそれは航海の安全と豊漁だ。

今と違って航路や航海技術、船舶そのものの性能も良くなかった時代。加えて養殖産業は乏しく、その日の釣果が生活そのものを左右した時代。誰もが海の安全や大漁を神に祈った。

その祈りが人魚には託《たく》されている。

人魚が持つ鏡は、水面の象徴で、それを覗き込むことは、水面から未来を占う（水占い）ことを意味している。

梳る姿は、波を招く動作とされ、豊かな波をもたらす魔術的仕草だと言う。

そして楽器は、波の音や川のせせらぎなどを具現化したものだ。ヒンドゥー教のサラスバティー、日本の弁財天が、川や水の女神であると同時に音楽も司っているのも同じ理由からだ。

しかし人魚の姿をした神たちは、キリスト教が支配的になってゆくにつれ、誘惑（特に男性を）する象徴として貶められてゆく。

鏡を見るのは自惚れを、長い髪と、櫛を使う仕草は誘惑を意味しているといった具合に、おおよそ人魚たちは堕落と色欲の象徴とされた。

確かに人魚たちの姿は非常に美しく蠱惑的《こわくてき》である。

そう考えても、アズールの持ちかける取引は魅力的である。

絶対に高得点を取れる試験対策集など、学生には喉から手が出るほど欲しいものに違いない。例えその対価が、頭にイソギンチャクを付けられてしまうことであってもだ。

彼のこの強かな交渉術は、もちろん海の魔女アースラから来ているのだが、面白い妖精譚が浮かび上がってくる。

女王イヴの失敗とスターバックスのシンボルマーク

遠い昔のある日、この世の女王イヴが浜辺を歩いていると、人魚たちが一糸纏わぬ姿で戯れていた。その頃、人魚たちは人となんら変わらない姿をしていた。

女王は「はしたない」と咎めたが、人魚たちは「神は私たちを地上で最も美しく作られたのです。それを隠すことは創造主である神に対する侮辱になりませんか？」とやり込められてしまう。

腹を立てた女王は、漁師の妻たちにこう触れ回った。

「あなたたちの旦那が漁に出たらなかなか帰ってこないのは、人魚たちに誘惑され、うつつを抜かしているからだ。このままでは平和な家庭など築けない。人魚たちにそれ相応の罰を！」

結果、人魚たちは鱗の付いた醜いパンタロンを穿くことになってしまった。

もちろん人魚たちはその姿を嘆いた。その姿があまりにも可哀想だったので、みんなは「もしその姿で人間の真実の愛を勝ち取ることが出来たなら、パンタロンを脱いでも良い」と取り決めた。

それ以降、人魚たちは前にも増して陸の男性を誘惑するようになった。

オークニー諸島に伝わっている人魚譚である。

なんとも本末転倒なお話だが、ここで1つの疑問が生じる。

人魚が穿いているのは「鱗のパンタロン」ということだ。

そう、このお話に登場する人魚は、尾っぽが二股に分かれているのだ。

前述の通り、人魚は長い間、様々な地域で語られてきた。

実はその姿もまた様々なのである。

例えばリトル・マーメイドの原作となったアンデルセンの人魚姫。デンマークはコペンハーゲン港にその銅像があるのだが、岩場に腰掛け俯く人魚姫の下半身は、半分が脚で半分が魚の尾なのである。これは人魚姫が海の魔女の魔法で人の脚を手に入れる過程だとか、銅像のモデルとなった女性の脚があまりにも美しく、魚のそれにしてしまうのは惜しかった為とも言われている。

この像ばかりではない。二股尾の人魚は、おそらく殆どの日本人が何かしらで目にしたことがあるはずなのだ。

それはスターバックスコーヒーのロゴマークだ。

丸いロゴの中で微笑む女性。実はこの女性、人魚であり、自分でその尾を両手に持っている。

欧州に行くと、この二股尾の人魚はよく見かける。

それればかりか、中には鳥の羽を背負った人魚も、古い教会のレリーフなどには見受けられる。

海辺で鳥の羽を持つ女性型の魔物と言えばセイレーンが特に知られている。

彼女らは歌声で水夫を誘惑し、船を難破させるが、セイレーンと人魚は実は元を同じくする存在だと言われている。

嵐の誘惑者セイレーン

セイレーンは地中海シチリアの海辺に棲み、上半身は美しい女性、下半身は海鳥という姿をしている。彼女たちは3人ひと組で、1人は歌い、1人は竪琴を奏で、1人は笛を吹くという。

彼女たちは船乗りから大変怖れられていた。

様々な説があるが、人魚とセイレーンは混じり合い、最終的に人魚が優勢になってゆく。二股尾の人魚はその過程を示しているという。

人魚たちが水夫から不吉とされたのは誘惑者というだけではなかった。波間で踊る人魚たちは、嵐の前触れだというのだ。

アイルランド民謡「mermaid」では、金曜日に出航した船は人魚に出会う。船長をはじめ乗組員たちは自分が陸に残してきた妻たちが「やもめ」になると嘆きながら海に沈んでゆく。

大型船の舳先には船首像として女神やポセイドンが飾られていることがある。いずれも航海の安全を祈願したものだが、時折人魚も見受けられる。

彼女たちの来歴を知ると、なるほど毒をもって毒を制す訳ではないが、航海の安全における切実な祈りが感じられる。

ここで少し東洋に目を向けてみよう。

誰もが知っているだろう亀を助けた浦島太郎が竜宮城で乙姫さまと出会い……というのは、日本書紀や万葉集にも見られる説話である。ここに登場する乙姫もある意味で妖精と言える。海底という異界に絢爛豪華な竜宮城を構えているのも妖精らしさであるし、彼女のモデルとなった山幸彦の妻となった海神の娘豊玉毘売命《とよたまびめのみこと》は、下半身が海蛇であったという（正確には八尋和邇《やひろわに》。ワニ、サメとも伝えられる）。

人魚がどれだけ魅力的であっても近づかない方が良いのだろうか。浦島太郎も乙姫と結婚しなければ300年の歳月を竜宮城で過ごすことはなかった。

それはオクタヴィネル寮寮長であるアズールも同じかも知れない。

彼がどれだけ紳士的で、持ちかけてくる取引が魅力的であってもだ。

加えて彼の相棒である双子のジェイドとフロイドは海のギャング、ウツボの人魚だし、なによりアズール自身が彼らを上回る猛者であるのだから。

最後に、少し穿ったものの見方をしてみよう。

どうして人魚たちが、魅了の力を持ち、同時に危険なのか。

それは人魚たちが水を由来とする自然霊でもあるからではないだろうか。

水は人が生きていく上では欠かせないものである。同時に水辺の美しさ、そして水面の輝き、時にその涼やかなせせらぎは人を惹きつける。

しかし、悲しいかな人は水の中では自由どころか息も続かない。荒れ狂った水ほど恐ろしいものはない。

この相反する性質と、なによりあらゆるものを溶かし込み、捉え所のない性質が、人魚というこのように魅力的な妖精を作り上げたのではないだろうか。

マレウス＝ドラゴンの妖精!?

さて次に取り上げるのが、ディアソムニア寮である。

茨の魔女の高尚な精神に基づく寮であり、眠れる森の美女をベースとしている。

寮長マレウス。彼は眠れる森の美女のヴィラン、マレフィセントがモティーフとなっている。そして妖精族の末裔とはっきりと明記されているキャラクターである。

漆黒の寮服に身を包み、月光を湛えた湖のような容貌をした彼には、2本の角が生えている。

それこそがまさに彼がドラゴンの妖精である証である。

やはりここでも人魚と同じように、ドラゴンが妖精⁉︎　との声が聞こえてきそうだが、ドラゴンはしっかりと妖精の領域に属している、と妖精学はいう。

そもそもドラゴンはどこから来たのか。

諸説あるが、一番もっともらしく思われるのが、自然の諸力、そのなかでももっとも力強い火山や大地の発露である。ドラゴンが吐く息は火山の噴火のそれであるし、彼が多くの財宝を蓄えているというのは、地中に眠る鉱脈の喩えである。因みに東洋の龍は河川などの現《うつ》し身であることが多く、故に天に昇り雨を降らせる。

もちろんツイステのマレウスも火を吐けるという。肉体的な頑強さ、力の強さはキャラクターの中で群を抜いているし、魔法力に至っては既に世界でもトップクラスであるという。

さすがは妖精族の末裔といったところか。

彼に関しては、妖精学から見ても、大変興味深い。

まず彼が寮長を務めるディアソムニア寮。この寮服は黒をベースにした軍服様の重厚なデザインで、差し色としてライムグリーンが配されている。

この2色はまさに妖精の色なのだ。

妖精をイメージする色といえばまず緑が浮かぶ。確かに森の緑、草木の色は妖精に似つかわしい。

一方、黒はどうだろうか。

黒は喪服と日本人はイメージしてしまうが、実は妖精、特に妖精王の服の色なのだ。

妖精の王は夜の王

王というと、どうしても一国に一人というイメージが日本人にはあるが、欧州では、豪族が至る所にいて領地を持ち城を構え、それぞれが王として君臨していた時代が長かった。

同じように妖精郷にもたくさんの王がいた。

しかし、妖精国として名高いアイルランドには、上王、つまりハイ・キングとして妖精大王が君臨していたのである。

彼の名前はフィンヴァラ。

アイルランド中の妖精から慕われていた彼は、馬を愛し、ハロウィンの夜には騎馬で遊行《ぎょう》する。

闇夜のマントを羽織り、月の光で編んだ冠をいただき、その横顔はこの世の誰よりも美しかったという。

まさにマレウスに通じる装いではないか。

また妖精と言えば夕暮れ時や昼下がりに出てくるイメージが強いかも知れないが、民話などでは、夜、特に深夜に出てくると表現されることが多い。

マレウスもまた夜歩きの最中、主人公に出会うことが多い。

さて前章のFate/Grand Orderでも触れたが、オベロンをはじめ、物語には多くの妖精王が登場する。

彼らは時に森の守護者であり、また騎士の導き手でもある。

しかし、妖精王フィンヴァラは違う。彼は夜の支配者でもあった。

彼は死者の隊列と共に現れ、死者と共に踊る。

深夜、農夫が飲んだ帰り道に楽しそうな行列に出会う。聞けば市に行くと言う。こんな夜更けに市とはいったいと怪しむ農夫は彼らと共に行くことにする。するとたしかにそこには賑やかな市が立っていて、暫くすると黒尽くめの立派な紳士がやって来る。

その時農夫は気がつくのだ。その場に居合わせた人々が、既に亡くなっている人たちだということに。

そして、黒尽くめの紳士は、妖精王フィンヴァラであることに。

妖精たちが棲むのは、水の底、そして古墳や遺跡などの妖精塚、妖精砦だと説明してきた。または人の通わぬ深い谷にも妖精たちは居を構える。

マレウスらの国は、茨の谷にあるという。ツイステの妖精描写からは世間一般で想像される妖精だけでなく、ドラゴンあるいは夜の支配者という、一風変わったイメージを読み取ることができるのだ。

茨と妖精の深い関係

マレウスらの住まう茨の谷は、『眠れる森の美女』に出てくるオーロラ姫の眠る城が茨で覆われたことが元ネタだろう。

茨という言葉には、妖精学的にとても心惹かれてしまう理由がある。

眠れる森の美女の作中、茨は英語では「Thorn」つまり「棘」、原書である仏語版でも「Épine」つまり「棘」と表記されている。

棘のある植物は沢山ある。バラもそうだし、ヒイラギも棘のある葉が特徴だ。

しかし、ここでは「スピノサスモモ」またの名を「ブラックソーン」を推したい。

日本では馴染みのない植物だが、春先、芽吹きに先駆けて白い花を付ける。日本でいうと白梅やスモモの花をイメージすると良いだろうか。この植物は、アイルランドでは妖精たちが好み、また住処とすると伝えられている。

農夫たちは不用意にブラックソーンを伐ったりしない。彼らの報復が怖いからだ。怒った彼らは平気で家畜、時に家族を呪い殺す。

もちろん、これはあくまでも「だったらいいなぁ」という仮の話で、言語学やシャルル・

ペロー研究から見ると違うかも知れない。

だが、妖精樹として名高いブラックソーンの森が広がる谷に妖精王となったマレウスが君臨する図はなんとも想像力を刺激する。

妖精王を取り巻くさまざまな妖精たち

さてまだまだネタが尽きないのがディアソムニアである。

まずは次期妖精王マレウスの教育係のリリア。

教育係と言っても、厳格な家庭教師というよりも、どちらかというとお気楽なご隠居というか、狂言回しに近い。見た目は小柄な美少年だが、実際は500歳を越えているらしい。

彼のエンブレムはコウモリ。時々スマートフォンの向きを間違えたか？　と思うように天井からぶら下がって登場するところからも、恐らくは吸血鬼の類いではないかと推察される。

吸血鬼と言えばドラキュラ伯爵。夜ごと、乙女の生き血を求め彷徨う姿は誰しも頭の中にあるだろう。

この吸血、ないしは精気を吸い取るという性質は、実は妖精には付きものである。最も有名な吸血行動を取る妖精はリャナンシーだろう。

アイルランド語で「妖精の恋人」を意味する名を持つ彼女は、一種のミューズで、男に取り憑き、ゆっくりと生命力を吸い取る代わりに、詩や創作の霊感を与え、とびきりの芸術家にする。

時に夭折する芸術家たちはリャナンシーに魅入られたのだと言われる。

この他にも下半身が蛇のラミアも若い男の血を啜って生きているという。

リリアがもしも想像通り吸血種だとするならば、彼は吸血の代わりに何を求めるのだろうか？

ちなみに、生命力を吸い取ると言えば、夢魔の仲間であるインキュバス、サキュバスが上がるだろう。が、彼らは今でこそファンタジー作品などでは犠牲者の精気を糧とする種族と描かれているが、元々は対象者を堕落させたり、望まない妊娠をさせるのが目的である。

サキュバスが男性の精液を奪い、インキュバスがこれを使って女性を妊娠させる。実は両種とも同一の存在とも言われている。ちなみにアーサー王を王として育てた魔術師マーリンも夢魔の子と言われる。王の傍には、そういった特殊な存在が似つかわしいのかもしれない。

王、教育係ときたら次はお付きの者だろう。

マレウスには、セベクとシルバーのふたりが付き従っている。

セベクは母親が妖精族で父が人間という、半人半妖精だという。

マレウス至上主義と言えるほど忠義に厚く、感情をストレートに出すところなどが良い味を出している。

人間と妖精のミックスというのは、伝承などではよく見られる。だが、その場合は「妖精そのもの」というよりも、クー・フーリンなどと同じく、妖精の源流になった神々との混血の方が多いのではないだろうか。

もちろん、半分が妖精の血を引いているのだから、人並み外れた部分がセベクにはあるようで、怪力や大食漢など、作中でも取り沙汰されている。

この辺りはファンタジー作品に多く見られるハーフエルフに近いのではないかと思う。

ハーフエルフは文字通り、エルフと人の混血である。

テーブルトークRPGなどで一般的にエルフは繊細で敏捷性や手先の器用さ、作品によっては魔法技能に優れているが、体力や耐久力などにペナルティを受けている事が多い。

しかし人の血が混じることにより、魔法能力や敏捷性などの優位性は薄れるが、その分、体力などが底上げされ、全体的にバランスが良く、優秀なキャラクターとなる。

そういうところも含めセベクのこれからに大いに期待したい。

さて最後はシルバーである。

彼についても謎が多い。

そもそもが彼はこれだけ妖精にあふれたディアソムニアの面々で、唯一の人間であり、リリアを親父殿と呼ぶ。

彼がどういう経緯で、茨の谷に来たのか。そしてリリアに養育された経緯など一切が不明である。

また彼の造形は、眠れる森の美女のオーロラ姫をモティーフにしているようで、どういうわけか寝てしまうところや、動物に好かれるところ、瞳の色が、モデルの名前そのままのオーロラ色をしているところなどが特徴となっている。

なにより妖精に育てられたという来歴。

これは妖精学では最も人気があり、最も難解な要素である「取り替え子」「チェンジリング」を想起させる。

妖精たちは時々人の子を攫う。

それには理由があり、天と地が作られた頃から生き続けている妖精たちは、種としての力が衰えていて、それを増強するために人の子の血を迎え入れるのだと言われていたり、カッコーの托卵よろしく人に育児を任せる為と理由は様々である。中には単純に可愛いから盗んでしまったというのもある。

確かにシルバーは鋭い審美眼の持ち主であるポムフィオーレ寮の寮長ヴィルからも認められる美形である。

民話では取り替えられた子供たちが妖精郷から戻ってこない場合が殆どだが、僅かながらも戻ってきた、救い出された話が伝わっている。

いわゆる呪術医、フェアリードクターといわれる妖精や彼らの魔法に精通している人たちの助力で戻ってきた子供たち。彼らの多くは、被害に遭わなかった子供たちとはどこかが違っていたという。

例えば感情が欠落してしまうなどは良くある話で、アイルランド初代大統領ダグラス・ハイドが出会った娘は、妖精に攫われすべての感情が塗りつぶされていたという。

もちろん、悪いことだけではない。18世紀の偉大なハープ奏者であり作曲家であるターロック・オキャロランは、妖精塚で眠ってしまい、その間に妖精たちの音楽を聴き、作曲の才能を得たという。生涯彼の耳には妖精の音楽が響いていたという。

もちろんリリアが攫ってきた訳ではないが、果たして、シルバーにはどういう経緯があり、またそれが彼の今にどんな影響を与えているのだろうか。

駆け足ではあるがツイステッドワンダーランドを妖精学の立場から眺めてきた。著名な童話をモティーフにしたゲームだからこそ妖精伝承の要素が各所に散りばめられていて、プレイしていても飽きない。その中でも妖精たちが自然の諸力の擬人化、象徴化である人魚、ドラゴンが登場するのが面白い。妖精が持つ自然とのつながりをツイステは活用し、物語に深みを出しているといえよう。

これからのストーリー展開、特に未だ語られていない妖精たちの集まるディアソムニア寮に期待したい。

そして2023年9月現在、7章が配信されている。

その中で、ディアソムニア寮にスポットが当たり、マレウスたちのストーリーが展開されている。

今後彼らにどんな過去が、そしてこれからが示されていくのだろうか。

一筋縄でいかないこの作品の中で、妖精たちがどんな風に語られてゆくのか、期待したい。

第3章　電子から召喚されたもの

女神転生・ペルソナ

電子とリアルの世界を駆け巡る悪魔たち

『女神転生』と聞いてあなたはなにを思い浮かべるだろうか。

多くの人はゲームだと答えるだろう。

全世界100万本セールスを達成した真・女神転生Vなどのナンバリングシリーズ。

それとは別に、対戦格闘ゲームや舞台、アニメ、映画など、様々なメディア展開を見せるペルソナシリーズも存在する。

これらの作品は妖精学的に非常に興味深い作品でもある。


メガテンシリーズは元々、1986年に徳間書店から出版された西谷史の小説『女神転生デジタル・デビル・ストーリー』に端を発している。

主人公である高校3年生の中島朱実の手によって組み立てられた「悪魔召喚プログラム」。

それまでの魔術では煩雑だった諸々の工程をPCに代行させるという画期的な代物だ。

物語は伊弉冉尊《いざなみのみこと》など、日本神話の神々も巻き込み進んでいくのだが、ゲームでのメガテンはそれとは違ったストーリーで進んでいく。シリーズの中でも1994年の『真・女神転生II』は根強い人気を誇り、メガテンと言えば『真・女神転生II』だというファンもいる。

今でこそ当たり前になった、魔法や魔術を科学と融合させて表現した作品の嚆矢はメガテンシリーズと言っても過言ではないかもしれない。煩雑な悪魔召喚を、当時やっと一般にも普及しはじめたコンピューターで代行させたり、インターネット（当時はパソコン通信）回線を介して悪魔を転送したりして、当時では画期的な描写だったと思う。また、ドラゴンクエストなどの異世界やファンタジー世界ではなく、吉祥寺や国会議事堂、東京タワーなど、現実の東京を舞台にしたのもまた他の作品と一線を画していたように思う。

架空のものではなく現実のもの、というのは舞台のみならず登場するモンスターにも当てはまる。

作中の敵、そして仲間として登場するのは現実に世界各国の神話、信仰体系で語られる魔物、そして天使や堕天使たちなのだ。

・ルシファー、ミカエル、ベルゼブブなどキリスト教系
・ロキ、オーディン、イズンなどの北欧系

・アマテラス、ツクヨミ、アズミ、イッポンダタタラなどの日本神話系
・ヴィシュヌ、シヴァなどのインド系

そんな彼らにはレベルというヒエラルキーが割り振られている。

確かに、オーディンやヴィシュヌなどの主神クラスと精霊であるコダマやスダマではその力は比べるべくもないだろう。

また、一国家、一文化圏の主神にもレベル差が存在する。

例えば2021年に発売された『真・女神転生V』ではオーディンはレベル77。ゼウス、レベル86。シヴァ、レベル96、メタトロンはレベル95となっている。

これは非常に挑戦的だった。

今まで絶大な権威を持ち、全知全能などと形容されていた神格を、信仰形態の垣根を越えて「レベルという目盛り」で推し量ったからだ。

ありとあらゆる信仰の、幻想の存在が、多岐にわたり登場するメガテンならではのことだし、メガテンシリーズをプレイして、外国の神様や、超常の存在の名前を知った人も多い。

そして、さらにメガテンをメガテンたらしめているのは「悪魔合体」である。

悪魔を掛け合わせる邪法

出会ったモンスターやキャラクターを仲間にしてストーリーを進めるシステムは、『ポケモン』など多くのゲームの基本とも言えるが、メガテンでは、悪魔と悪魔を合体させて、新たな悪魔を生み出す。雄と雌のキャラを掛け合わせて交配させるのではなく、文字通り合体させるのだ。

出会った悪魔と会話してスカウトし、仲間にする（メガテンではこれを仲魔と言う）。そして彼らを邪教の館などの特定の場所に連れて行き、2体、もしくは3体と組み合わせて合体を行うのだ。

作品によって描写は様々だが、仲魔が光り、もしくは液体様に分解され、あらたな悪魔が登場する。

悪魔を「素材」として「コンゴトモヨロシク」と現れるあらたな悪魔。

作中でも明言されることだが、まさに邪法。ある種の背徳感を覚えるこの悪魔合体こそが、メガテンの醍醐味の1つである。

前置きが長くなったが、この悪魔合体をはじめとするメガテンのエッセンスには、驚くほど妖精との共通点があるのだ。

まずは「悪魔合体」という名前について妖精学の見地から見てみよう。

そもそも、この概念は永井豪の傑作漫画『デビルマン』から来ているらしい。

主人公の不動明は悪魔アモンと合体し、デビルマンとなる。

悪魔アモンはデビルマンでは「デーモン族屈指の勇者」と言われているし、ソロモン72柱の魔神として列せられているので、まさしく合体する悪魔に相応しい。

しかし。

メガテンでは、天使だろうが地霊だろうが、そして妖精だろうが合体する。

なにより、登場するすべての人以外を纏めて「悪魔」と呼称している。

メガテンシリーズでは、神の御使いエンジェルも、大天使も、ピクシーも北欧の主神オーディンもすべて悪魔なのだ。

人ではない存在すべてを引っくるめて悪魔と呼ぶ。これは妖精学から見ると、とてもユニークな呼び方なのだ。

妖精は堕ちた神霊

キリスト教が誕生する以前、もしくはキリスト教が普及する以前、世界には多くの神々がいた。

ギリシア神話や日本神話を紐解けば良く分かるだろう。

水の神は、川や大海だけでなく、小さな泉や、流した涙にさえ宿り、固有の名前を持っていた。

もちろん木々にも山にも、そして家や竈《かまど》、厠《かわや》にも神はいる。

いわゆる汎神論――すべてのものに神が宿るという考え方だ。日本の八百万《やおよろず》の信仰も、これに当たる。

キリスト教が支配的になる以前、欧州ではそんな風に様々な神々が信仰され、同時に、日本の神々のように畏れられていた。

そしてキリスト教が伝道され、布教される際に、父なる神とその子イエス以外の神は、すべて悪魔とされた。

そして力の強い神々ではなく、ごく限られた地域でのみ信仰されていた神や、森や泉、また屋敷、それこそ台所などを守護していた小さな神々は悪魔、時に妖精となってゆく。

こんな話もある。

光の子ルシファーが、神に反旗を翻し、大天使ミカエルと争った。

結果、ルシファーは敗北し、地獄に堕ちることになった。

この時、ルシファーに与《くみ》した天使たちも共に地獄に堕ち、堕天使になったのだが、この中で、地獄に堕ちるほど悪くもなく、かといって天国に戻れるほど良くもなかった天使たちが、地上に残ることになり、妖精になったというのだ。

アイルランドに妖精が多いのは、そんな彼らが他より多く堕ちてきたからだと言われている。

また別のお話では、ルシファーが被っていた王冠を飾っていたエメラルドが落ち、それが妖精になったとも言う。

なので彼らは、最後の審判の日、罪を許されて天国に戻れるかどうかを大変気にしている、という民話も多く伝わっている。

妖精避けの儀式として「十字を切る」ことが有効とされているが、それにはこんな背景がある。

妖精とは天使と悪魔（堕天使）の間に位置するものだが、それらを一括りに「悪魔」と呼ぶところにはメガテンのオリジナリティ、あるいは伝統からの逸脱がある。

悪魔合体と半神

先ほど「悪魔合体」の合体という概念は『デビルマン』から来ていると述べた。神話や英雄譚などには、半人半神（クー・フーリンなど）、半人半妖（フィン・マックールの子オシーン）などは登場するが、彼らは合体ではない。

時に、中世の魔術師たちは人工精霊を作り出したりすることもあるが、それも合体とは言えない。

もっとも、合体そのものでないにせよ、通じるところのある概念は伝承の中にも探すことができる。神や妖精と人間の混血である。ある妖精と別の妖精の身体の一部が合体するといった、人為的な合体が描かれた妖精譚は見られないが、混血を「合体」の変化形と捉えると、妖精譚からメガテンシリーズへの影響関係が理解できる。

混血によって生まれた者は、おおよそが真・女神転生のナンバリングシリーズの主人公のように、平凡な生活とは無縁の人生を送るようになる。

例えば、光の神ルグを父親に持つクー・フーリンは、生涯に亘り戦いの場に赴くことになった。

また、欧州の海岸域に広く伝わる異類婚姻譚に「人魚と結婚した男」という話がある。浜辺で人魚を見つけた男は、彼女の帽子を奪う。不思議なことに欧州の人魚たちは、帽子や冠、櫛やショールを無くすと海に戻れなくなるという。そして彼女は男と結婚し子を設けるが、ある日、帽子を見つけ海に帰っていく。

物語の流れはほぼ日本の昔話「天女の羽衣」と同じだ。

このような、人魚や天女、時に白鳥が変身した乙女と結婚し子をなす話は世界中にある。

さて問題は、残された子供たちである。

アイルランドやイギリス等に伝わる人魚伝説の場合、結末は大きく分けて3つある。

●母親と一緒に人魚の世界に行くパターン

・母親が魔法をかけ子供を石にしたり、魚にしてしまうパターン
・地上に残される代わりに特殊な能力を与えられるパターン

子供たちと海に帰り、夫だけが残されるというのは、お話としても整っている。次の石にしたり魚にしてしまうパターンは残酷なようだが、人魚である母親の「人の世界にも、人魚の世界にも属せず、辛い思いをするのだから」という彼女なりの思いやりの結果でもある。

ここで注目するのは最後の特殊な能力が与えられるというものだ。

おおよそは、漁に出ると必ず豊漁に恵まれるとか、薬草の知識を得るなどの力だが、中には、常勝無敗の英雄となるという話も残されている。

英雄と豊漁に恵まれるのとでは随分差があるように思えるが、一次産業が主体であった時代や地域で、豊かさが保証される存在はある種の神にも等しい力を持つといえる。

やはり人以外の血が入ると、人を超えた力が発揮されることが多いようだ。

妖精郷から戻ってきた人たち、また、混血ではないが、妖精界から戻ってきた人たちもいる。

前章のツイステッドワンダーランドでも触れた取り替え子の犠牲者たちである。

通例、妖精たちに攫われた子供たちは、こちら側に戻ってくることは少ないが、それでも時として戻ってくる被害者はいる。

多く伝えられているのは、攫われたことに気付いた赤ん坊の母親が、フェアリードクター、つまり呪医や、物知りの賢女などに助けを求め、代わりに置いていかれた妖精を退散させて、我が子を取り返すというもの。

次に多いのは、被害者が赤ん坊ではなく、少年少女、そして娘などの場合で、被害者自身から助けを求めてくる。

自分は妖精に攫われた者で、いついつに妖精たちと妖精砦から騎馬行列を組んで出てくる。その時にどうか乗った妖精馬から引きずり下ろして欲しい。そうすれば人の世界に帰ってこられると妖精塚近くに住む人に言付ける。

この場合、多くの奪還劇は失敗に終わり、被害者は妖精たちの世界に留め置かれることとなる。

取り替え子譚でもっとも奇妙なのは、妖精たちが運んでいた棺桶を手に入れるパターンだろう。こんな話だ。

深夜、家路を急いでいると、不思議な一団が棺桶を運んでいる。不審に思い声を掛けると運び手は消え失せ、棺桶だけが残される。開けてみると中には、死体ではなくなんと生きた人が！　目を覚ました相手が言うには自分は死んだことになっているが、実は妖精に攫われたのだという。

その言葉通りに家を訪ねてみれば、話の通りだった。

大抵この場合は、攫われた被害者は若い娘で、棺桶を開けた男と結婚するという結末を迎える。

様々な方法でこちら側に戻ってきた人たちの多くは、その後、妖精とは関係を持たず、多くは長生きをし、子宝にも恵まれたという。

もちろん、お話として伝えられている事例が全てではない。

やはり妖精界に留め置かれたことが、心や体に変調を与えることがあるようだ。ある娘は、戻ってきても耳の中で妖精の音楽が響き、感情すべてが欠落したと伝えられている。

創作の世界でも、谷瑞恵氏の『伯爵と妖精』（2004〜2013年、全33巻）の主人公リディア・カールトンは、赤ん坊の時に攫われ、妖精界ではじめて瞼が開いたため、目がペリドット色に変化した。児童文学の名著であるO・R・メリングの『妖精王の月』でも、妖精王の妻として攫われて戻ってきた女性はフェアリードクターとしての知識を得る。

この辺りは、戦争に赴いた兵士たちが、帰還後、色んな意味で日常に戻るのが困難になるのと似ているのかもしれない。

人修羅、ナホビノ。どちらも悪魔と合体し、世界を左右する戦いに身を投じ、もはや二度と「普通の生活」には戻れない。そのさまは混血によって生まれた半神や、取り替え子で異界を見てきた人間の運命を想起させる。

悪魔進化ならぬ妖精進化は実際にある

次に目を向けたいのが悪魔進化だ。

これは『真・女神転生Ⅲ－NOCTURNE』より導入されたシステムで、特定の悪魔がレベルなどの条件を満たすと別の悪魔に進化（変化）するというもの。

コッパテングからクラマテング、セタンタからクー・フーリン（セタンタはクー・フーリンの幼名）など、繋がりのある変化が多いが、ここで妖精学として目を引くのはピクシーからハイピクシー、ハイピクシーからクイーンメイブへの進化だろう。

ピクシーといえば妖精譚でも多く目にする名前で、もともとはイギリス、特にコーンウォール地方に出没する妖精だ。

月夜で踊ったり、牛の乳の出を悪くしたり、時に親切な人を助けたりなど、およそ妖精が持つ特徴すべてを揃えた、言わば特定の地域での妖精の総称とも言える存在である。

メガテンにおけるピクシーは、ほぼどの作品でも、序盤から仲魔に出来る悪魔だ。薄いトンボのような羽を背負った美少女の姿をしていて、バラツキはあるものの攻撃、回復など、弱いながらも一通りのスキルを備えた頼れる存在である。

しかし、序盤で仲魔に出来るということは、ピクシーが低レベルであることを意味する。いくら悪魔もレベルが上がるとはいえ、その歩みは遅い。

また悪魔合体でしか手に入れられない悪魔などもいることから、特に低レベル悪魔は、仲魔即合体素材となりやすい。作中でも、悪魔との会話の中でこれを揶揄《やゆ》されることがある。

しかし合体の誘惑や、仲魔ストック数の足りなさなどを振り切り、レベルを上げるとピクシーはクイーンメイブに変化する。しかも妖精より強力な悪魔が揃っている夜魔という種族に変化する。小妖精が、夜の女王に進化するのだ。

もちろんこのメイブとは、ＦＧＯの章でも述べたコノートの女王メイヴの妖精女王としての姿である。

長く連れ添った仲魔が、変化するのはなんとも楽しい。

では、妖精たちはそういう変化をするのか？

合体と違って、こちらは多く見られる。

例えば、アイルランド民話で有名な靴屋妖精のレプラコーン。

妖精たちが踊りで磨り減らした靴を修理したりと、妖精では珍しい働き者なのだが、怠け癖がつき、ついでにウイスキーの味を覚えると「クラルコーン」という酔いどれ妖精に変化する。

こういった性質が変わるというのは意外と多く『真・女神転生Ⅳ ＦＩＮＡＬ』に妖魔として登場するスラヴの水霊ヴォジャノーイは、もともと水界の王であったが、人々が河川や水域を開発したため、今はごく限られた力しか持たない存在になってしまった。

これらは、古の神々が、信仰されなくなって矮小化したとも取れる変化だ。

もちろん前述のキリスト教の影響もあるが、侵略による信仰の迫害や、もっと単純に信仰の世界の流行り廃りが関係してくる。

では、逆に、妖精学や伝承などには、ゲーム的な、レベルアップや成長による進化はないのだろうか。

それは、ある。

昔話などで、深い淵に棲む一匹の蛇が、歳月を経て龍になるなどの話があるが、それを思い出してほしい。

メガテンだけでなく、ファンタジーにはお馴染みの四大精霊がいる。彼らは進化するというのだ。

おさらいすると、この世を構成する４つの元素、地水火風には下のような精霊が宿っている。

彼らが絶え間なくせめぎ合ったり、流転することで、万物は生成されるという。東洋の五行と似た思想である。

四大元素に宿る精霊の名前や姿などは、もともと民話や伝承に登場した存在で、それらを元素の霊として、中世の錬金術師であり医化学者のパラ

元素	妖精	容姿
空気（風）	シルフ	細身の女性
水	ウンディーネ	女性、人魚とも
火	サラマンダー	火トカゲの姿
土	ノーム	小人

ケルススが『妖精の書』で定義した。

そんな精霊たちは、実は、創造主である神が、人間とは違った進化形態を与えた存在なのだと後代の神秘家たちは考えた。

最初、精霊たちは自我さえ持たない矮小なエネルギー体であるが、時間をかけ、

自我を持たない小妖精→水や土の精→高等な水や土の精→火の精→空気の精

と変化し、最終的には天使に至るというのだ。

彼らは、古の錬金術師たちが言うように、この世を構成し、万物が正しく流転するように守護しているという。

この説は、正確には民話や伝承を扱う妖精学ではなく、神智学というニューエイジ哲学に属するものである。

神智学について大まかに説明すると、直感や瞑想などから神について知ろうとすることで、2つの流れがある。1つはギリシア哲学やインド哲学に遡れるもので、もう1つは現代ニューエイジ、オカルティズムに多大な影響を与えたもの。今論じているのは後者の神

智学、とりわけFGOでサーヴァントとしても登場したエレナ・P・ブラヴァツキー（通称ブラヴァツキー夫人）らが設立した神智学協会（神智協会）の考え方である。

この説を知ると、四大元素の中を進化する精霊たちを合体に使うと、同じ種族内でランクアップ、ランクダウンするというメガテンシリーズのシステムもなるほどと思えてくる。悪魔たちも、大本をたどればこの世を構成する1つだから、同じ四大精霊を取り込めば進化するわけだ。

ペルソナシリーズの妖精たちの空騒ぎ

女神転生のナンバリングシリーズの話が多くなってしまったが、ペルソナシリーズからも、妖精の話を1つ。

ペルソナシリーズ1作目は1996年に『女神異聞録ペルソナ』として発売された。ナンバリングシリーズが東京滅亡や、天使と悪魔の戦いの間で揺れ動く主人公といった規模の大きなストーリーなのに対して、ペルソナシリーズは、主人公たち学生が出会うレベルでの揉め事や事件がメインとなっている。

ペルソナシリーズでは、メガテンシリーズのように魔法を使うのではなく、その名の通り「ペルソナ」を使う。ペルソナとは、キャラクターたちの持つ「もう1人の自分」、別人格が具現化した特殊能力とされている。

それに応じて、戦うのは、悪魔ではなくシャドウという影の存在となっている。だが、数多あるペルソナは、それぞれ古今東西の悪魔たちの名前と姿が与えられているのである。

シリーズを通してオベロン、ティタニア、ジャックフロストなどお馴染みの妖精が登場するが、なかでも目を引くのが2006年に発売された『ペルソナ3』の「ミックスレイド」だ。

これは前作にあたる『ペルソナ2』にあった合体魔法の進化版で、特定のペルソナを組み合わせると、特殊技が使えるというものだ。

ルシフェルとサタンが使う「ハルマゲドン」や、タケミカヅチとトールの使う「雷神演舞」など、大ダメージを期待できる技も多いが、特筆すべきはオベロン、ティタニアの「真夏の夜の夢」だろう。

効果は、何が起こるかわからないという代物で、

・全体、敵、味方、いずれかのHPとSPを全回復
・敵をダウンさせる
・味方がダウンする
・何も起こらない

の中からランダムで効果が発揮される。

まさしく妖精たちの巻き起こすドタバタ劇そのものである。


女神転生の、ナンバリングシリーズ、ペルソナシリーズのどちらもが、世界、東京、街、学園など規模の大小はあれ、主人公の属する世界の有り様を変えていく内容のものが多い。

そこに天使や魔神、そして人の様々な思いが交錯し、ストーリーが進んでゆく。

同時に女神転生シリーズの主人公は思春期の少年少女であることが多い。

若さには世界を変えるほどの可能性がある、とは多くの人が思うことだろう。

多感であるが故に、大人たちより繊細に世界を見渡すことの出来る主人公たち。

そこに様々な思惑がありつつ力を貸す妖精や悪魔たち。

それは姉の愛憎が一国を巻き込んだアーサー王伝説や、宴に招かれなかったことに腹を立て、結果、国全体を眠りに陥れた眠り姫などの昔話を思い起こさせる。女神転生シリーズは、現代や近未来を舞台としながら、その骨子はもしかすると伝統的な妖精譚に近い、妖精の伝統と現代が交錯する作品なのかも知れない。

第4章 茨と夜の愛し仔の行く末

魔法使いの嫁

茨の魔法使いと夜の愛し仔

ここまで3つのゲームタイトルを例に出して妖精について話してきたが、次は漫画を取り上げよう。ヤマザキコレ『魔法使いの嫁』（以下適宜まほよめと略す）だ。

2014年より『月刊コミックブレイド』（マッグガーデン）で連載を開始したファンタジー作品で、2016年よりドラマCD、テレビアニメ、舞台など、様々なメディアミックスが行われ、国内だけでなく世界にも多くのファンを持つ傑作異類婚姻譚である（2022年時点で累計発行部数は1000万部以上）。

主人公である羽鳥智世（作中ではおおよそチセと表記）は赤毛の、少し感情表現が苦手な少女であり、スレイ・ベガという大変希有な特質を持って生まれてきた。

スレイ・ベガとは、元々、マン島に伝わる妖精の名前だが、作品の中では「夜の愛し仔」とされている。

もちろん、チセが妖精のスレイ・ベガだという訳ではない。魔法使いの嫁でのスレイ・ベガは「無尽蔵に魔力を生み出すことが出来るのだが、その能力を制御出来なければ、皆短命である」という存在として描かれている。

一方の主人公エリアスは、山犬のような頭骨と山羊と思しき角を持っていて、人とも精霊ともつかない存在だ。その姿同様、精神的な面でも異質で、すべてを理解している節もあれば、きかん気の子供のようでもあり、時に哲学的ゾンビではないのか、とさえ思える行動に出る。

そんな異質極まりない2人の出会いは、チセ自身がオークションにかけられたところを、エリアスが弟子兼嫁として落札するシーンから始まる。

最初から波乱含み。まともな婚姻生活が待っているとは到底思えないのだが、2人の間には様々な超常的な存在が介在してくる。

その最たるものが妖精たちである。

まほよめの世界には、神もドラゴンも幽霊も存在しているが、メインの舞台がイギリスということもあり、その中で妖精が最も広範囲に存在しているように描かれている。

世界の命運といった壮大な話ではなく、あくまで2人の関係を重視する日常ものであるまほよめのストーリーで、妖精はどのような役割を果たしているのだろうか。

誘惑する妖精たち

チセが落札後エリアスの私邸に連れてこられた際にも、最初に彼女にコンタクトをとってきたのは風の精霊エアリエルである。

エアリエルといえば、シェイクスピアの『テンペスト（邦題・あらし）』に登場する大気の精霊である。一般的に空気や風の精霊の名前としては、パラケルススが妖精の書で示したシルフ（シルフィード）として知られている。

シルフの容姿は、ほっそりとした女性で、向こう側が透けているというのが定番だが、まほよめのエアリエルは、手のひらサイズの女面鳥身、いわゆるハーピーやセイレーンのような姿をしている。

暫くぶりに見たスレイ・べガに対して、彼女らは親しげに話しかける。


――なんだかおいしそうな匂いがすると思ったら　かわいいヒトの女の子じゃないのン

しかし、性質は明らかに妖精のそれであった。

エリアスの家で過ごす最初の夜に、エアリエルらはチセを夜の散歩に誘い出す。

無論、妖精たちの誘いがただの「お散歩」である筈もなく、彼女らはスレイ・ベガであるチセを妖精郷に誘おうとしたのだ。もちろんそれは片道切符の来訪であり、彼らの誘いに乗れば、二度とこちらには帰ってこられない。

その目論見はエリアスに阻まれる訳だが、このシーンはまさに伝統的妖精譚の一幕である。

チセは先天的に妖精たちに好かれる。

それはスレイ・ベガが彼らの好む魔力を無尽蔵に生み出すからに他ならない。

作中でも、チセたちスレイ・ベガは「麦穂色の蜂蜜酒」などと呼ばれ、妖精のみならず魔性の存在を惹きつけている。

妖精たちを惹きつけて止まない性質。果たしてそんな性質があるのだろうか。

妖精に好かれる性質

伝統的に、人が持つ性質の中で、妖精たちに好かれると言われているものが幾つかある。

まず「正直者であり、嘘をつかないこと」。

嘘はあらゆる妖精に嫌われる。

それは彼らとの会話や、時に生じる取引にも表れる。

たとえ、彼らが悪意を持ってこちらを騙そうとしていても、人は嘘をついてはならないのだ。

「そんなことをしたら騙され損じゃないか！」との声が聞こえてきそうだが、その場で騙されたとしても、正直であれば後々、味方してくれる妖精が現れるものなのだ。もし嘘をついていたら、その救いの手さえ現れない。

またおべんちゃらや口先ばかりのお世辞も嫌われる。

次に「勤勉であること」。そして「気前が良いこと」「きれい好き」が伝統的に妖精が好む性質とされる。

正直で働き者。その上、気前が良くてきれい好きとくれば、妖精でなくとも好かれそうだが、こういった当たり前の美徳が好まれると民話や伝承は伝えている。

では、チセのような生まれつきの資質で妖精が好むものは何だろうか。

まず最初に上げられるのが「金髪である」ということ。

日本人にはほぼ当てはまらない資質だが、妖精たちは金髪が好きらしい。

例えばタルイス・テーグと呼ばれるウェールズの妖精は、そのまま「金髪族」を意味し、金髪の子供を好んで攫うそうだ。

また音楽や詩歌などの芸術的な才能も彼らの好むところなのは良く知られているし、同時に医術に長けた医師も好まれるという。

これは、単純にその資質が好ましいから、というよりは、妖精たちが人間の知識や技術を借りたり、当てにしている事が多く、その最も多いのが、音楽の才能や医術ということらしい。特殊な才能は、人の世界だけでなく、妖精の世界でも重宝されるようだ。

神仏などの加護を得るのと同じように、妖精たちに好かれた方が良い、様々な点で良いことがありそうだ、というのは、今も昔も変わらないようで、ニューエイジやスピリチュアルといったジャンルの本では「妖精さんに好かれるために」といった文言も目に付く。

だが、エリアスは言う。

――彼らは幸運の運び手であり、不幸の撒き手でもあると。

見えない存在であることが、幸運も不幸ももたらす

なぜ妖精たちは、幸も不幸ももたらすのか。

この最大の要因は、妖精たちは通常「見えない」からということに起因する。

良かれと思ってしたことが相手にとっては迷惑になりかねないことは、あらゆる関係性で成り立つ。それが目に見えない妖精――つまり意思疎通の出来ない相手が運んでくることならどうだろうか。

妖精譚では定番の「3つの願い」というお話がある。

妖精が3つの願いを叶えてくれるというのだが、すべて意図せぬ叶い方となるのだ。

「それで良いの?」「もう少し考えたら?」などといった窘《たしな》めや提案はない。

それこそ触れるものすべて黄金に変わってしまうミダス王のように、妖精たちは不十分に願いを叶える。それは人間と妖精が通じ合えないからだろう。

しかしチセは妖精が見える。スレイ・ベガといえども、妖精たちが見えることは珍しいとエリアスは語る。

伝承でも妖精は普段姿を隠しており、望んだ相手にのみ姿を見せるという。

妖精を見たいという願望は、いつの世も一定の需要があるようで、様々な方法が編み出されてきた。

その1つが、エリアスがチセに贈った穴あき石のペンダントである。

「これは　まじないの石　川底で自然に穴の開いた石でね　君を守る石だ」とエリアスは言う。

この穴を通して見れば、姿を隠している妖精などの姿が見えると欧州では言われている。大事なのは、自然に穴の開いた石という点で、人為的に開けた穴では役に立たない。何かを通して見ることが、姿を隠しているモノを見ることに通じるのは、広く伝えられている。

例えば、妖精がよく出るという古墳にある立石《スタンディングストーン》の中には、穴が穿たれたものがあり、それを通しても妖精は見えるという。また元々、そういう特別な視力を持った人が腰に手を当てて作られた三角形を通しても同じような効果があるという。

日本にも「狐の窓」というものがあり、指組みをしてその指の隙間から覗けば、隠形の妖怪たちが見えるという。

次いで有名なのは「妖精の塗り薬」だろう。

自然に穴の開いた石を探すのも骨が折れそうだが、こちらはもっと大変である。レシピについては様々に伝わっていて、まほよめでもしっかりと登場する。古い金貨を沈めた泉の水、季節に咲く特別な花などでつくられるそれを瞼に塗れば、特別な視力を持たないものでも妖精たちを見ることが出来る。

しかし、穴あき石にしろ、塗り薬にしろ、危険がつきまとう。なぜなら、妖精たちは見られることを嫌うのだ。

見られることを嫌う妖精たち

こんな話がある。

ある産婆さんが真夜中、急な仕事を依頼される。ここらでは見かけない紳士に伴われやって来たのは、同じく見たこともない立派なお屋敷。そこの夫人が産気づいているというのだ。

驚く産婆さんだったが、仕事に取りかかり、明け方近く、夫人は立派な赤ん坊を産み落とす。

一息つこうとした産婆さんに夫人は、棚にある軟膏を赤ん坊の瞼に塗って欲しいと頼む。一体何の意味がと思いつつも赤ん坊に塗ると、夫人はこれですべて巧くいったと喜んだ。折からの疲れで目がしばしばした産婆さんは、目を擦ったのだが、その指は軟膏を塗った指だった。

するとそれまでの景色が一変した。

立派なお屋敷だと思っていたのは、ジメジメとした地底で、美しい夫人と赤ん坊は妖精だったのだ。

ヘタなことを言うと命がないと思った産婆さんは、黙ったままどうにかこうにか家に帰った。

それから暫くしてのこと。

市場に出かけた産婆さんは、人の間を縫うようにして歩くあの紳士を見かけた。

紳士は、店先のものを盗んだり、ちょっとした悪戯《いたずら》を仕掛けたりしているのだが、どうやら産婆さん以外、紳士のことは見えていないらしかった。

産婆さんは、紳士の袖を摑み、

「お金を払わないと駄目ですよ」

と窘めた。

驚く紳士は、産婆さんに尋ねた。

「そなた、どちらの目で私を見ているのだ？」

産婆さんは、あの時軟膏が付いてしまった瞼の方を指さして、

「こちらですよ」

すると、紳士は産婆さんの目にフッと息を吹きかけた。

チクリとした痛みが走り、産婆さんの不思議なものを見通す片目からは永遠に光が失われた。


これはアイルランドを中心として広く語られている民話である。

妖精たちは見られることを嫌う。

もし産婆さんが、見えていることを妖精に告げなければ、視力を奪われることは無かった。

他の民話では、妖精たちのお喋りを盗み聞きした罪で生皮を剥がされた男が登場する。

「正直者」「勤勉」「気前が良い」「きれい好き」。そして「彼らの生活を侵害しないこと」。

これらは彼らに好かれ、なにより嫌われない為には大切なことなのだ。

まほよめに登場する様々な妖精たち

まほよめに登場する妖精はエアリエルだけではない。アザラシ妖精セルキー、リャナン・シー、ウィル・オー・ウィスプ、ムリアン、ナックラビーなど美しいものからグロテスクなものまで、様々な妖精（妖怪）が登場する。

その中でもっとも目を引き、ストーリーに関わってくるのは妖精王オベロンと、妖精女王ティタニアであろう。

まほよめのオベロンは、恐らく今まで創造されてきた妖精王とはかなり異なったデザインをされている。

ＦＧＯのオベロンも、そのベースとなった『夏の夜の夢』『ユオン・ド・ボルドー』も、その他、様々なコンテンツで語られる妖精王は、大抵が美しい青少年の姿をしている。女神転生シリーズのオベロンなどは、白タイツにカボチャパンツというまさしく王子様の姿だった。

しかし、まほよめのオベロンは、鹿と思しき角を生やした、下半身に蹄を持つ獣身なのだ。

このデザインには「やられた！　その手があったか！」と思った。確かに広く思い描かれる妖精王の姿ではないが、ある意味でこれはまさに「森の王」に他ならない。

この章以前に、何度か妖精の源流の1つは「太古の神たち」だと触れてきた。おそらく、まほよめのオベロンは、そんな古の神の中でも異彩を放つ「ケルヌンノス」に想を得ているのではないだろうか。

まほよめの妖精の元となった古き神々

ケルヌンノス――しばしば「角ある者」を意味する名前だとされる有角の神は、紀元1世紀頃、いわゆる大陸のケルトと呼ばれる人々の、欧州の遺物に見ることができる。デンマークで発掘された紀元前3世紀から紀元1世紀頃の物だとされる銀製の大釜「ゴネストロップの大釜」にもその姿はみられ、胡座をかき、蛇と首飾り（トルク）を手にしている。

ケルトの民は文字を持たなかったため、ケルヌンノスについて詳しいことは何も分かっていないが、恐らくは森の王、ひいてはそこに棲まう動物たちの王として崇められていた神だと想定される。

キリスト教が支配的になる以前、ケルトがローマに駆逐される以前に崇められていた古い神。

まさしく妖精族の源流の、その本流の1つと言える神なのである。

そしてオベロンの伴侶である妖精女王ティタ一ニアは、作中で神父に言う。

――楽園の果実を堕落の実とした侵略のにおいはここには要らない　お下がり。

これ程まで胸の熱くなる妖精たちの言葉が今までにあっただろうか。

この妖精女王ティターニアもまた古い神々に遡る存在だと作者ヤマザキコレ氏は謳う。

――女神モリガンの影に連なるこの身の枝は……

FGOでもモルガンの名で登場した女神モリガン。

彼女はアイルランド、イギリスなどのブリテン諸島では様々な場面で顔を覗かせる神格である。

これまでに説明してきた女王メイヴ、妖精女王マブ。

彼女らは支配権の女神であり、数多の民を従える女王であり、どちらもアイルランドの大女神モリガンへと繋がってゆく。

そのモリガンに自分は連なると、ティターニアは自ら発しているのである。

実際に、モリガン、メイヴ、マブの三者を関連づけて考える人は多くいる。魔法使いの嫁のティターニアは、シェイクスピアがタイタンの娘から引きだした妖精女王より、更に古い神格との繋がりがある。

それを鑑みれば、彼女のデザインも、いままでのお姫様然とした柔らかい雰囲気のティターニアではなく、黒髪に白い肌、たわわな胸を持つ女性とされたのも頷ける。

神話などでは、女神モリガンは雪のような白い肌に黒衣を纏ったゾッとするほど美しい女性として描かれている。

人身売買から始まる第1巻のオープニングからも分かるように『魔法使いの嫁』には、ある種のダークさ、理不尽さが漂っている。それは妖精の描き方にも表れている。

妖精譚の2つの形

まほよめが纏うダークファンタジーらしい空気感は、主人公チセに降りかかり、また歩むストーリーからも明らかであるが、まほよめが属する「物語の形」にも、その理由は求められる。

妖精譚には、2つのスタイルがある。

1つは『アーサー王伝説』や『眠れる森の美女』などに代表される「妖精が出てくるお話」。

もう1つが民話などによく見られる「妖精のお話」。

前者の妖精が出てくるお話は、基本的に主人公らは人間である。

こちらは人間のためのお話であり、妖精たちはある種のスパイス、そして物語を進め、時に迷走させるための装置として働く。アーサー王のモルガンは、主人公アーサーの姉であり、時に敵、時に味方と複雑な性格で物語をより混沌とさせてゆく。『眠れる森の美女』では、姫が100年の眠りにつく原因を作る。FGOで言うところの英霊と同じような立ち位置と思って良いかもしれない。

反対に後者は、妖精が主体となったお話を指す。

例えば、昔から妖精が現れると言われている古い塚や砦、古墳などが、何人も手出ししてはならない一種の禁足地として扱われているとする。しかし、時にそういう謂われを迷信だとして、砦を壊したり、開墾しようとする者が現れる。たいてい彼らは手酷い仕打ちを受けて、怪我をしたり半身不随になったり、家畜が次々と不審死を遂げたり、最悪の場合、命を奪われたりする。

この手のお話で妖精たちには、人間の理屈は全く通用しないし、良かれと思ってしたことが却って彼らの機嫌を損ねたり、逆に人からすると失礼に当たることが、彼らにとっては喜びとなったりする。これは、妖精が幸運の運び手であり、不幸の撒き手だというエリアスの説と対になっている。

なにより、後者のお話の多くはいわゆるストーリー性のある「物語」ではなく「体験譚」「遭遇譚」として語られることが多い。

市場からの帰り。夜遅く酒場や友人の家からの帰り道、不意に妖精と出会《でくわ》す。あるいは何かの拍子で、昔から妖精が棲むという森や川辺で、彼らの音楽や踊りを耳にしてしまう。

彼らとの出会いはある種の通り魔のように訪れる。その結末は、私たちの理解の埒外にあり、どんなに藻掻《もが》こうが覆らないことが多々ある。

だからこそそういう「お話」を伝える古老たちは言うのだ。

「彼らと関わってはならない」と。

このような理不尽さ、人の道理が通じない、まさに人外の理屈が、魔法使いの嫁には通奏低音のように流れている。

人ならざるエリアスは、チセを自らの胎内に取り込もうとするし、オベロンやティターニアも自分たちの喧嘩の最中に死んでしまった人間のことを「可哀想なことをしてしまった」と言いつつも、好いた相手は「逃げないように外に出してはいけないよ」と囁く。

それは初手からチセの周囲を飛ぶエアリエルたちも同じで、あくまでも彼らは『『スレイ・ベガ』としてチセ」が好きで、願いを聞くのであって、その対象は「羽鳥智世」ではない。

この辺りの表面上は噛み合っているようでいて、その実、根本では何の共感も相互理解もないのではないかと、読み手にヒヤリとさせるところが、この物語の魅力の1つである「仄暗さ」になっているのではないだろうか。

翻訳者としての主人公

人間であるチセが妖精の世界に近付く一方で、もう一人の主人公といえるエリアスは、チセと共に生きることにより、感情、人の気持ちを、ゆっくりとだが学んでいく。しかし、どこかアイデンティティの定まらない危うさを漂わせている。

彼は登場時から、人ではない半端者だと説明されているが、チセをはじめとする多くのキャラクターと普通に会話していたりするシーンを見るにつけ、人外であることを少し忘れてしまう。

容姿こそ異形だが、気持ちは人と似ているのではないだろうかと。

妖精を主要キャラクターとするコンテンツは多い。しかし、前述のFGOしかり、ツイステッドワンダーランドしかり、キャラクターたちの内面は、時に私たちより人間らしい心の動きを見せる。これはギリシア神話の神々が、人よりも人らしいという謂われと同じだ。

もちろん、読者が「人」である以上、そういう設定にするのが当然と言えば当然である。なにより、そうしないと漫画やゲームを楽しむ上で欠かせない「共感」を得られなくなる可能性がある。

しかし、彼らの言動は一般の人間にはやはり通じない点もある。そこで出てくるのが翻訳者、此方と彼方を繋ぐ役目のキャラクターだ。

これは、伝統的妖精遭遇譚であれば、彼らと遭遇した人物であり、この物語では「チセ」なのだ。彼ら翻訳者がいなければ、けっして妖精たちの物語はこちら側に伝わることはない。

そう考えれば『魔法使いの嫁』というタイトルも秀逸と言う他ない。

また、物語の構図からいっても、この作品は、非常に上手く、伝統的な妖精譚（遭遇譚）を取り入れている。

異形のモノに嫁ぐ乙女。これは神の嫁とされてはいるが、ある種の生け贄として捧げられるという昔話にある構図である。

また作中で使われる呪文は詩型をとっていて、欧州に伝わる英雄譚や神話に差し挟まれる詩と同様の効果を生み出しているように思える。

魔法使いの嫁のリアルさと妖精譚のリアル

ここまで見てきて、まほよめが、古典の型を踏襲しつつ、同時に作者ヤマザキコレの個性をふんだんにブレンドしていることが分かっていただけたと思う。

もちろん、そういった作品は今までも発表されてきた。

だが、それら先行作品と違う点があるとすれば、リアルさだと思う。

ここで言う「リアル」とは「現実にそうである」というのではなく「もしかしたら実際にあり得るかもしれない」という説得力のことである。

妖精譚、とりわけ妖精遭遇譚に触れるのは、書籍でという場合が多いだろう。

それは文字通り遠い国のお話であり、ややもすると「へぇ、そうなんだ」と流れてゆく。

しかし、実際にアイルランドやイギリスの田舎を訪れると、途端に現実味を増す。

物語が、触れることが出来るのではないかと思えるように目の前に立ち上がってくるのだ。

それは昔ながらの四谷怪談や牡丹灯籠などの怪談よりも、ある町の凄惨な殺人事件現場のマンションで、それを知らずに入居してしまった人が遭遇した怪異のほうが、よりリアルに聞こえ、身の毛がよだつのと似ている。

時代とともに薄れてしまった感覚とはいえ、妖精と遭遇した事件は、海を隔てた遠い国ではなく、町外れの十字路にあるのだ。しかも、出会ってしまったのは、どこの誰か分からない名無しではなく、同じ町に住む人であったり、時に知人の曽祖父であったりする。

このリアルさが、物語に体温と肌触りを与えるのではないだろうか。

それと似た匂いを『魔法使いの嫁』には感じる。妖精が実際にいるかもしれない、という現実的な質感があるのだ。

恐らくは、作者ヤマザキコレの入念な取材と、なにより主人公たちや妖精に向ける眼差しがそうさせているのだろうし、なにより作者の見ている世界には確実に彼らが生きているからではないだろうか。

魔法使いの嫁本編は、2023年現在、学院篇ともいえる魔術学院が舞台である。登場するキャラクターも、メドゥーサの少年に、人狼などなど。ますますバラエティに富んでくる。

これからチセとエリアスがどんな出会いをし、どう成長していくのか、なにより2人の距離がどう変化していくのか、楽しみである。

聖戦士ダンバイン・重戦機エルガイムと美少女アニメ

小妖精たちの源流をアニメに探る

さて、これまでゲームや漫画の作品の中での妖精の描かれ方、扱われ方を見てきたが、少し視点を変えて、個々の作品ではなく、もう少し広い意味での「妖精」を見てみたいと思う。

改めて聞くが、あなたは「妖精」という単語を見て、まずどんな姿を思い浮かべるだろうか。

『指輪物語』のエルフや民話などに登場する小人たちを思い浮かべる方も多いだろう。伝統的な妖精譚では、彼らは緑色や黒い服を着ていて、どちらかというと古風な（時に中世ファンタジー風の）衣装を身につけていることが多いようだ。

しかし、一定の人は、

- （手のひらに乗るほど）小さくて
- 背中にトンボ様の透明な羽を持つ

・美少女（または美少年）

この3点を備えたキャラクターを想像するのではないだろうか。

はたして、この姿はどこから来たのだろうか。

その鍵を握るのは、日本のアニメーションである。「昆虫様の羽を持った小型の妖精」がどう変遷していったか、これから見ていこうと思う。

「羽のある小型の妖精」といえばティンカー・ベルじゃないか、と思った人もいるかもしれない。確かにティンカー・ベルやその他のディズニーの妖精たちも重要な存在だ。ディズニー作品における妖精については第8章で紹介するが、気になる方はそちらを先に読んでもらっても構わない。

妖精と日本アニメとの出会い

日本のテレビアニメで「(手のひらに乗るほど)小さくて」「背中にトンボ様の透明な羽を

持つ」「美少女（または美少年）」。この3点を備えた妖精について語る上で欠かせないのが、1983年から放送された『聖戦士ダンバイン』と翌年1984年からの『重戦機エルガイム』の2作だろう。

どちらも日本サンライズ（当時。以下サンライズに統一）が制作し、富野由悠季氏が総監督を務めた。サンライズ、富野由悠季氏と言えば『機動戦士ガンダム（1979年）』がつとに有名であるが、ダンバインには、それまでのロボットアニメにはない昆虫型のロボット（オーラバトラー）とファンタジーを取り入れた世界観など、様々な画期的な試みが見られた。ストーリーは、この地上とは別の「バイストン・ウェル」と呼ばれる中世ファンタジー風の世界で展開される。

これは完全な異世界ではなく、私たちの住む世界の「海と陸の間にあり、輪廻する魂の休息と修練の地」にあるという。この設定からして、伝統的な「妖精界」との共通点を感じさせる。

バイストン・ウェルは、ファンタジー作品よろしく勢力争いが多発しており〝ア〟の国の地方領主ドレイク・ルフトはバイストン・ウェルすべてを掌握すべく、オーラの強い地上人を戦士として召喚する。

その召喚された3人の内の1人が主人公のショウ・ザマであり、彼が操縦するのが「オーラバトラー（オーラ力と呼ばれる人の精神エネルギーを動力とする人型戦闘用ロボット）・ダンバイン」であった。

その後、ショウ・ザマはドレイクの真意を知り、背反。そして物語は大きく動いてゆく。そこに登場したのが、チャム・ファウというキャラクターだ。アニメファン、今で言うオタク層狙いのキャラクターとして登場した彼女は人気を博し、単独でフィギュアも発売されたほどだ。

彼女は「フェラリオ」と呼ばれる種族で、彼らは「ミ・フェラリオ」「エ・フェラリオ」「チ・フェラリオ」と成長によって名前と姿を変えてゆく。チャム・ファウは「ミ・フェラリオ」で、すべての「ミ・フェラリオ」は花から生まれるという。ダンバインでは、この妖精や精霊に等しいフェラリオや、アイルランドの妖精レプラコーンの名前を模したレプラカーンというオーラバトラーなど、妖精が多く登場する。

話をチャム・ファウに戻そう。

彼女の水色のハイレグレオタード風の衣装にトンボ様の羽。赤い巻き毛の美少女キャラクターは、いわゆる「妖精」と言われて思い描く像と合致している。

彼女は一種の狂言回しとして登場したが、実はこの物語の語り手であることがエピローグにて明らかになる。

しかし話の語り手として傍観するだけでなく、主人公ショウ・ザマと一緒にダンバインに乗り込むようになってゆく。

ロボットのコックピットに操縦士と乗り込む小妖精の姿は大変印象的だったし、ロボットアニメと、児童文学を並列で語るのは乱暴だが、この構図は、ピーターパンとティンカー・ベルのそれと酷似しているようにも思える。妖精と人間の古典的なコンビがロボットアニメにおいて変奏された、というわけだ。

戦う主人公と小妖精の少女という組み合わせは、次作『重戦機エルガイム』にも引き継がれ、こちらはダンバインに引き続き「リリス・ファウ」というキャラクターが登場している。

『重戦機エルガイム』は、ペンタゴナ・ワールドと呼ばれる5つの惑星世界が舞台となっている。

そこは類い希なる美貌と不老不死を得たオルドナ・ポセイダルの支配する世界。ポセイダルの治世は長く、それ故に政治の腐敗、治安の悪化が顕著になっていた。

各地で反乱が起こり、打倒ポセイダルの気運が高まる中、辺境の星からやって来た、主人公ダバ・マイロードとミラウー・キャオ。彼らは様々な出会いを経て反乱軍のリーダー格となってゆく。

エルガイムとは、主人公ダバの駆るロボットの名前であり、この世界ではヘビーメタルと呼ばれている。

『重戦機エルガイム』と『聖戦士ダンバイン』は多くの共通の世界観を持ち、デザイナーの永野護氏によれば、エルガイムの物語は、前作ダンバインに登場した妖精の長ジャコバ・アオンが持つ水晶玉の中で展開されるおとぎ話だという。

多くの共通項が散見される両作のなかで「チャム・ファウ」「リリス・ファウ」は性格の違いはあれど、造形はほぼ同じと言って良いだろう。真偽は定かではないが、富野氏が、チャム・ファウを気に入り同型のキャラクターをマスコットとして登場させたとも、メカニックデザイン、キャラクターデザイン両方を担当した永野護氏が気に入ったからとも伝えられている。

ただ、エルガイムの方では「天下を取るなら妖精と笑え」とか「ミラリィ（リリス・ファウの種族）は災いの元である」などの俗信が描かれ、より妖精学でいうところの妖精らしい。前章『魔法使いの嫁』でも触れたが、民話や伝承において、妖精は幸運の運び手であると同時に、不幸を招くのだ。

妖精と80年代アニメの美少女ブーム

両作品とも放映は80年代半ば。

時代的には『魔法の天使クリィミーマミ』『キャプテン翼』『キャッツ・アイ』『北斗の拳』など今でもファンの多いコンテンツが放送されていた時期である。それは現在活躍している作家たちが影響を受けた作品が多く世に出された時期とも言える。

その中で、チャム・ファウ、リリス・ファウ、2人のキャラクターデザインは広く認知されたのではないだろうか。実際、今でも「妖精が出てくるロボットもの」と言えば、ダンバイン、エルガイムが挙がる。

ここで気になるポイントがある。

彼女たちの着ている服のデザイン、そして美少女の2つについてである。

まずは衣装についてだ。

チャム・ファウ、リリス・ファウ、どちらもハイレグ系のコスチュームを纏っている。それはロボットものだから、と言ってしまえばそれまでで、実際、今でも妖精のイラストを検索すれば、一定数、このようなタイプの衣装を纏った妖精がピックアップされる。しかし、この種のイメージのルーツとなったのがこの両作なのである。

一見、妖精とロボットは離れているように思えるが、メカと美少女、もしくは美女という取り合わせは、一定数のニーズがある。

例えば、アニメだけでなく、実写のグラビアでも、アイドルとバイクの取り合わせはよく見かける。

そういった想像力の1つの「巨大メカと小さな妖精」の組み合わせはダンバイン、エルガイムが嚆矢である。

しかしさらに歴史を遡ると、メカと美女を並列して描いた作品には、それよりも先に『うる星やつら』がある。

言わずと知れた高橋留美子氏の傑作漫画。宇宙人ラムと地球人の諸星あたるのカップルを中心に巻き起こるドタバタコメディである。

1978年から週刊少年サンデーで連載され、1981年からはフジテレビ系列でアニメが放映され、6度に亘って映画化された。またパチンコとしても登場し、2022年には再アニメ化された日本を代表する作品である。

鬼族のラムの、トラ縞のビキニの出で立ちはインパクトがあり秀逸と言うほかないが、他にも雪女のおユキ、福の神の弁天、ラムの幼なじみであるランなど、多種多様な女性異星人キャラクターが登場する。

これら異星人キャラクターに共通しているのが、メカニックなものとの取り合わせの妙である。

鬼星の高度に発達したメカを自由に扱うラム。鉄のビキニを纏う福の神紅一点の弁天は、エアバイクを駆る。平素は、着物姿のおユキ、ロリータ系のランも、実際はその下にメカニカルな雰囲気のビキニを着用している。ビキニというのは、どうやら彼女たち共通のスタイルのようだ（だが、彼女たちの親や、それに相当する世代の異星人たちはこの限りではない）。

露出の多い服装をした女性キャラクターとメカの組み合わせは、1985年から放映された高千穂遙氏の『ダーティペア』も同じである。（原作は『S－Fマガジン』にて1979年より）。

また年代的なことを言えば、寺沢武一氏の『コブラ』が週刊少年ジャンプにて1978

年より連載を開始している。

ご存じの方も多いかと思うが、コブラはSFの世界観に、グラマラスな美女が登場する。これらはもちろんアメリカンコミックスの影響があるのだが、日本のそれは独自の方向性を持っているように思う。

それは次のポイント「美少女」に深く関わってくる。

『うる星やつら』『ダーティペア』と前後して、一部で美少女ブームが起こっていたのである。

エロスと妖精

ブームと言っても、今で言うところのブームとは少し違う。

そもそも、80~90年代にアニメが好き、漫画が好きというのは「マニア」「オタク」と呼ばれ、今よりももっとアングラで、根暗（今で言う陰キャ）で、ややもすると侮蔑されるようなニュアンスがあった。

また宮崎勤の連続幼女誘拐殺人事件などもあり、大人がアニメや漫画を好きというのはあまり大っぴらにしない方が良いという風潮があった。その中でのブームである。90年代のお笑いコントでのチェックのシャツに紙袋、背負ったリュックから丸めたポスターをはみ出させたテンプレ人物像の源流と言っても良いだろう。

そんなアングラ文化として、アニメや漫画とアダルトの2つのコンテンツが結びつき花開いた。

もちろん、それまでにも、アダルトアニメというものは存在し、1969年には、手塚治虫の虫プロダクションによって『千夜一夜物語』などの大人向けの性描写のあるアニメが作られていたし、その後、1984年にワンダーキッズが『ロリータアニメ』を発売する。しかし、それらアダルトアニメがブレイクをしたのはフェアリーダストが制作した『くりぃむレモンシリーズ（PART1『媚・妹・Baby』1984年）』を待つこととなる。

この他にも、厳密には成人向けの漫画家と括れないが、夭折したかがみあきら（1980年代前半『漫画ブリッコ』などで人気を博した。あぽ名義でも活動）なども美少女ブームを牽引したと言える。また興味深いことに、かがみ氏は、サンライズのアニメの企画に関わっていたという。

80年代後半にはアニメやイラストの美少女が一定の市場として認識されたのである。

また同人誌などの、私家出版や、アマチュアのイラスト投稿などには、妖精と性的表現が結びついた作品が散見される。

それらの流れは、当然、それまで日本のアニメが、幼児向けメインだったものが、高校生や大学生、そして社会人という大人を意識して作られるようになった時期と重なってゆく。その頃、欧米ではアニメーションといえば子供のもので、大人が鑑賞するものではなかった。無論、アマチュアが漫画原稿を描き、自ら印刷所に持って行き本にする、そしてそれらを売る場所があるなどとは到底考えられなかったし、ましてやエロティシズム、フェティッシュと結びつくなど想像さえしなかっただろう。

そんなアニメの美少女ブームと妖精が結びついた結果が、この章のテーマである「美少女としての妖精」なのだ。

ただ、もともと性的なものと妖精は、切っても切れない関係にある。

少しアニメからは逸れるが説明しておこう。

妖精信仰というものはキリスト教が支配的になる前の欧州で広く見られた多神教に遡る信仰で、日々のちょっとした願い事や、家族の幸せや、豊作、家畜の多産などを妖精、自然霊や家霊などに祈っていた。それは時代が下り、キリスト教が様々な祝祭などを取り決めたあとも脈々と受け継がれてきた。例えば10月31日。ハロウィンとして知られるキリスト教諸聖人を祀る万聖節の前夜祭も、もともとはケルト起源の祭りであるし、6月24日の洗礼者ヨハネの祝祭日も、元は夏至祭であった。農村などの田舎では、キリストや聖母に祈ると同時に、小さな霊たちにも祈りを捧げたりしていた。

そんな日々の幸せや豊穣を授けてくれる存在は、古い時代の神々の末裔であり、同時に性とも結びついていた。

例えば古代の神格で豊穣に関わる女神は、おおよその場合性愛の女神としての権能を備えていたり、中にはエフェソス（現在のトルコ西部の古代都市）のアルテミスのように多数の乳房を持つ場合もある。アルテミスは、ギリシアの妖精であるニンフたちを連れて山野を駆け回った。

また何度も登場している女神モリガンも、妖精の女王としての地位を持つが、同時に彼女は性愛の女神でもあった。

そんな神格の残影である妖精にもまた性に奔放な部分があるのは当然である。

またそういうニュアンスを含む作品は多数存在している。

例えば、1862年に出版されたクリスティナ・ロセッティによる物語詩「ゴブリンマーケット」。

これは妖精（ゴブリン）の市に迷い込んだ姉妹が、妖精譚のタブーである「彼らの食べ物」を食べてしまったその顛末の物語である。姉ローラがゴブリンの果物を食べる場面。また妖精の果物そのものなど、様々な部分で性的な暗喩や象徴が垣間見える。

そもそも妖精たちが恋に愛に貪欲であり、また性的に奔放なところも、豊穣神としての名残である。

また、裸婦などを描くのは良くないとされた時代。妖精たちは格好の題材となった。人でも聖母でもない妖精の姫は、肌も露わなミューズとして多くの画家に描かれた。

このような聖も俗も綯《な》い交《ま》ぜになっているところにも妖精の不思議な魅力があるのではないだろうか。

また綯い交ぜ、いわゆるカオスに似た状態というのは、様々な新しいもの、気風を生み出す土壌になり得るのではないかと思う。

妖精という、現実では非実在とされつつ、アニメ、ゲーム、漫画というコンテンツには当たり前のように登場するキャラクターを紐解くと、様々な流れが見えてくる。

それは2次元、そして昨今ではメタバースなども含め、彼らがどんな風にして変容してきたか、そしてその源流がいかに巧みに組み込まれているのかも語っている気がする。

前述のエルガイムでキャラクターとメカニックのデザインを一手に引き受け注目を浴びた当時新進気鋭のアニメーターであった永野護氏は、後年、エルガイムの制作中から温めていた設定を存分に詰め込んだ、オリジナル作品『ファイブスター物語』（1986年）の連載を開始する。

この中には、いわゆる小人型で昆虫の羽を持つ妖精は登場しないが、モーターヘッド（大型人型ロボット）の操縦をサポートする人型アンドロイドとしてファティマ（オートマチックフラワー）が登場する。

彼女たちは、人より優れた頭脳、体力を持ち、一様に美しい。その美しさが徒《あだ》となり作中では何度か、陵辱される悲惨なシーンも描かれる。それはある意味で戦争や社会の暗部を描き出す重要なシーンでもある。

そんな彼女（時に彼）らは、時に作者から、そして登場人物から「妖精」と呼ばれているのだ。ロボット作品における妖精は、見た目は可憐ながら、重い役割やメッセージを背負った存在でもある。

第6章　三角帽子を被った妖精たち

とんがり帽子のメモル、銀曜日のおとぎばなし……女児向け作品における妖精愛

らしく優しい世界の妖精

さて、前章では羽の生えた小妖精、とりわけ男児向けアニメでの妖精がどう変化していったかを見てきたが、一方、女児向けとされるコンテンツはどうだっただろうか。

まず挙げておきたいのが集英社の少女漫画雑誌りぼんに連載されていた萩岩睦美氏による『銀曜日のおとぎばなし』（1983〜84年）だ。同時期に連載を開始した作品には、一条ゆかり『有閑倶楽部』（1982年〜）、池野恋『ときめきトゥナイト』（1982年〜）、岡田あーみん『お父さんは心配症』（1983年〜）がある。まさに花の80年代である。

舞台はイギリス。森の奥に住む小人族の姫ポーは、ある日、人間のスコットと出会う。彼らは人間と小人という種族の枠を越えて、互いに友情を育んでゆくのだが、小人族には恐ろしい言い伝えがあった。

『新月の銀曜日に生まれた一千人目の女が死ぬとき、それは部族のたえるとき』

そしてその新月生まれの一千人目の女こそがポーであった。

主人公ポーと、一方の主人公である人間のスコット・フェリーを待ち構える運命は決して軽いものではないのだが、萩岩睦美氏独特の柔らかい筆致と情景描写がそれらを上手にカバーし、大人の童話と言って良いようになっている。

ポーの姿は、いわゆる小人そのもので、5歳くらいの子供のような見た目、三角帽子を被り、小鳥に乗って移動する。ちなみに、三角帽子は小人族のトレードマークではなくポーだけが被っている。これはストーリーに重要な役割がある。

『銀曜日のおとぎばなし』に登場する小人たちは、動物と対話し、ある程度の精神感応系の能力を持っているものの、決して強力な魔法生物や、使命を持った精霊というわけではない。サイズを除けば、ほぼ人間と等しく描かれている。そんな彼らが住む村は、古き良きイギリスの田園風景を思わせる。

作品に見え隠れする妖精の恐ろしい本質

妖精が小さいながらも人間と変わらない「命」であることは、作中でもしっかりと描かれている。

子供向け絵画教室で教師を務めるスコットは、ポーのことを知ってしまった子供たちに言う。

この子はね　おもちゃじゃないんだよ
みんなが　もってる　つみ木や車　なんかとはちがうんだ
みんなと　おなじように　ごはんをたべて　ねるんだよ
ただ　体が　とっても小さいだけで
だからね
「だれかのもの」になることはないんだよ
そのかわり　ほかの子と　おなじように
「お友だち」には　なれるからね

（中略）

でもね
おとなはすぐに「じぶんのもの」にしたがるんだ
そうしたら　ポーは　みんなのお友だちで　なくなってしまうから

この一連のスコットの言葉は、核心を突いている。

妖精学では、妖精たちと友達になろうなどとはもっての外である。

伝統的に、彼らは見られることを嫌い、たとえ故意ではなくとも覗き見した相手には手酷い仕打ちをする。

しかし、現実には妖精と会ってみたいという人たちの中には、まるで珍しい小鳥のように籠に入れ、誰かに自慢しようとする人も出てくるだろう。

コティングリー妖精事件をベースにした映画『フェアリーテイル』（1997年）には、妖精が出現したコティングリー村に、多くの人が押しかけ、妖精たちを捕まえようとするシーンがある。

もちろんそんな人たちには妖精たちの姿は見えず、長閑《のどか》だった村は一気に殺伐とする。

終いには地主が、「妖精たちに借地料を支払わせる！」とまで宣言する。

そんな心ない人たちの1人が投げ捨てた紙巻き煙草の煙を避けるように住む場所を変える妖精たちの行列は、残念であるが、酷く胸に焼き付くシーンである。

小人妖精は異星人？

ヒトと小人妖精との出会いを描いた作品としては、同時期（1984年）にテレビ朝日系列で日曜朝8時半から放送された『とんがり帽子のメモル』を覚えている方も多いのではないだろうか。

こちらの舞台はイギリスではなくスイス。

ピアノの才能があり、サンロアーヌ芸術学院に入学するも喘息で山荘に療養に来たマリエル。

彼女の前に現れたのは、とんがり帽子を被った小人のメモルだった。

出だしとしては、前述の『銀曜日のおとぎばなし』と同じだが、こちらは、メモルたちは小人ではあるが妖精ではない。なんとリルル星人という立派な異星人なのである。

彼らは星間旅行中に、飛行船のエンジントラブルにより、ヨーロッパの山中にあるベレヌ村にある湖に浮かぶ小さな島に不時着したと、第1話で語られる。

とはいえ、登場するリルル星人はみんながとんがり帽子を被り、ヨーロッパの田舎風の生活をしていて、時にフクロウのボーボーに乗る。『銀曜日のおとぎばなし』と同じく誰もが想像する妖精の小人なのである。

ストーリーは前述のマリエルとメモルとの交流が全編を通して描かれる。作画の雰囲気はメルヘン調で統一され、ノスタルジックなストーリーは人気を博し、1985年には映画、そしてOVAが発売され、放送終了20周年に当たる2006年には画集やDVD－BOXも発売された。

あくまでもメモルは設定上異星人なのだが、妖精らしい特質をしっかり備えている。なんと、清らかな心を持つリルル星人の涙は強い治癒の力を持つのだ。その力は凄まじく、死んだマリエルが蘇生するほどである。

この治癒力というのは、妖精譚ではよく見られる彼らの特殊能力で、例えば東洋の人魚は、その肉を食べれば不老不死になると言われ、福井県を中心に全国で語られている八百比丘尼《はっぴゃくびくに》伝承が有名である。これはある日、父が持って帰ってきた不思議な肉を食べた娘が若いままで一向に年を取らなくなった。なんと娘が食べたのは人魚の肉だった。不老不死となった娘は尼となり全国を行脚した、というのだ。

これには欧州の妖精譚のように様々な類話があり、娘の父は、竜宮や異界と思しきところでもてなしを受け、その時土産として持たされたのが人魚の肉であったというものもある。

欧州の人魚の肉には、そういう特殊能力は無いが、一般的に人魚は水界の妖精であるのに、地上の薬草の知識を知り抜いているとされる。

他にも、妖精たちが持つ杯には、不老長寿をもたらす蜂蜜酒（時にはぶどう酒やエール）が満ち満ちているという話は多い。

この辺りは、おそらくアーサー王伝説の聖杯と同じく、太古の神々が持っていた豊かさの湧き出る杯や鍋などに遡ることが出来る。

とりもなおさず妖精たちが持つ豊穣や治癒などの特殊能力は、彼らの大本である太古の神々に由来することが多い。

また『銀曜日のおとぎばなし』にしろ『とんがり帽子のメモル』にしろ、妖精たちと出会すことで、主人公たちは人生を一変させる。

スコット・フェリーは父との確執を乗り越え、マリエルは生きることに前向きになり、自らの足で人生を歩むことを選択する。

妖精がもたらすもの

このように、妖精、もしくはそれに類する存在と出会うことが、大きな転換のきっかけになる話は多い。

そもそも妖精を意味するFairyの語源をたどると、Fateから来ていると言われている。Fate。一般的には運命と訳されるが、そのニュアンスは、より悲劇的であったり、破滅や死などの成り行きを強く意味する。

今までに何度も書いてきたが、妖精に出会うことは、概して不幸に終わることが多い。

あの夜道で妖精に出会さなければ、こんな酷い目に遭わなかったものを。

あの時、彼らの踊る姿を見つけなければ……と後悔を滲ませる民話は数多い。

それは『魔法使いの嫁』の章でも書いたのだが、妖精とは「人間の都合や価値観を顧みない存在」だから仕方がない。

だが、エンターテイメント、なにより児童向け漫画やアニメはそれでは困る。

視聴者に、生きる希望と夢を与えなくてはならない。

同時に、主人公たちに希望を与え、時に後押しする存在が必要になってくる。

『銀曜日のおとぎばなし』そして『とんがり帽子のメモル』の主人公たちも小人と出会い、1人では越えられなかった（かもしれない）人生のハードルを越えて成長してゆく。まさにポーもメモルも「運命（物語）の加速器」として充分に活躍している。

もちろん、運命の加速器は、同じ人間の、友人でも、恋人でも、何なら通りすがりに少し話しただけの人でも構わない。

けれど、妖精たちは、人ではないが故に、人が知らないうちに縛られている社会通念、概念、思い込みをサラリとかわし、本質を口に出来るのではないだろうか。

そして彼らが開けた風穴こそが、登場人物たちのFateを、Fortune――光の指す方へ転じさせるのではないだろうか。

子供向け作品における妖精は、未知の世界を案内して冒険に誘い、成長を与える案内人なのかもしれない。

最後に時代的なことを言えば、NHKでは1980年に『ニルスのふしぎな旅』（スウェーデンの女性作家セルマ・ラーゲルレーヴの作品）、1983年からは『スプーンおばさん』（ノルウェーの作家アルフ・プリョイセンの作品）が放映された。ニルスもスプーンおばさんも決して妖精ではないが、80年代前半は、小人化したキャラクターのアニメーションが多かったとも言える。

さて、ここまで様々なコンテンツに登場する妖精を見てきて、そろそろこの本の最初に述べた「ドラえもんも妖精と言える」ということが、徐々に分かってきたのではないだろうか。

その論旨についての言及は後に譲るとして、次は「小人と少年少女との出会い」として有名な『借りぐらしのアリエッティ』(2010年)などジブリ作品を見ていくこととしよう。

第7章 草木百花に見え隠れする物語

スタジオジブリ作品

息を潜めて暮らす彼ら

続いては、日本を代表するアニメスタジオであり世界的にも有名なスタジオジブリ作品における妖精の描き方を見ていこう。独自の捉え方で自然を描いてきたジブリ作品には、広い意味での妖精と言える描写が数多く見られるのだ。

まず、分かりやすく妖精が登場する作品を取り上げよう。『借りぐらしのアリエッティ』だ。床下に住む小人の少女と病床の少年との交流を描いたスタジオジブリの『借りぐらしのアリエッティ』は2010年7月に公開された。

アリエッティをはじめとした小人たちの生活を、ジブリらしいリアリティを込めつつ、それでいてファンタジックに描いた作品は、公開年度興行収入邦画第1位となった。

原作はイギリスの作家メアリー・ノートンによる児童文学『床下の小人たち』(原題『The Borrowers』)で、「小人シリーズ」の第1作として1952年に出版された。こちらもイギリス児童文学の名作として、出版した年にカーネギー賞を受賞している。

原作では舞台はイギリス。映画では日本。

アリエッティと出会う少年は、原作では8歳の少年でリューマチを患っているが、ジブリでは翔という名前で12歳。肺病を患っている。

借りぐらし……に登場する小人たちは、床下に隠れながら、そして人間たちから食料や生活用品を「借り」ながら暮らしている。

恐らく観た人の殆どが、もしかしたら自分たちやご近所さんの家に、アリエッティの仲間が暮らしているのではないか？　と想像したことだろう。

床下ながら、慎ましく暮らす彼らの毎日が、ジブリの手法で、とても豊かに、そして濃密に描かれている。

彼らが人間から色んなものを借りてくることを作中では「借り」と呼んでいる（おそらくは「狩り」とかけているのだろう。もちろん「狩り」を行っている小人も登場する）。

確かに、いずれ滅んでしまうかもしれない程少なくなってしまった彼らには、人のような産業も工業もないだろう。まして砂糖などの加工品は彼らでは作れない。

そうなるとやはり借りる他なくなるのだが、この「借りぐらし」、実は、伝統的妖精譚でも彼らはよく「借りる」のだ。

伝統的妖精譚でもよく行われている「借りる」という行為

こんな話がある。

妖精が現れる塚の近くの家には、時々、鍋を借りに妖精の女が現れた。

その家の女主人は鍋を貸すときはいつも必ず「ちゃんと返してね」という意味合いのまじないの言葉を言い、念を押していたという。

するとその約束通り、必ず鍋は戻ってきたし、いつも山盛りの肉や牛骨が入っていた。

お陰で、その家ではスープの材料にはいつも事欠かなかったという。

また、個人的な体験で申し訳ないのだが、以前、スコットランドの古城に滞在したことがある。

その時、どういうわけか携帯していた爪切りが行方知れずになった。

紛失したのか？　いやいやそんなことはないと、なんとなく気持ち悪く、捜しあぐねていると、城守の女性がこう言った。

「きっと、あの人たちが借りていったのよ。暫くしたら、思ってもいなかったところから出てくるわよ」

ああ！　確かに！　と部屋を出るときに小声で「使ったら返しておくれ」と言い置いた。その後、部屋に戻ってみると、あれだけ捜したはずのベッドサイドの読書灯の下に、爪切りはあった。

これが妖精たちの仕業であるかどうかの真偽はさておき、そういう感覚が、いまだ残っていることに驚き、またニヤリとした。その感覚が、借りぐらしのアリエッティを観ていて蘇ってくるのだ。

また、病身の少年翔が良かれと思ってしたことが、アリエッティたちの暮らしに思いがけない変化をもたらす辺りなど、「ヒトと妖精の価値観の違いから起こる事故」は伝統的妖精譚でも多く語り継がれている。

例えば、前述の鍋を借りに来る話には続きがある。いつも借りに来る時間に、おかみさんは出かけることになり、旦那さんに「妖精の女が鍋を借りに来るから貸すときは必ず「まじない」をかけて返してくれるように念を押して下さいね」と頼む。しかし旦那さんはそれを忘れてしまい鍋は返ってこなかった。おかみさんは仕方なく、妖精たちの棲んでいる塚に出向いて鍋を取り返そうとする。

しかし、それは妖精たちの知るところとなり、妖精たちはおかみさんを追い返そうと妖精犬を解き放つ。

おかみさんは鍋を引っ摑み、中に入っていた牛骨や肉などを投げつけ、妖精犬の注意を逸らしながら、なんとか人間界に戻ってくる。

それ以降、妖精たちが鍋を借りに来ることはなかったという。

この伝承からは様々なことが読み取れるが、まず彼らには「借りたら返す」という概念が欠如している、もしくは希薄だということと、約束がなければ恩を仇で返すこともやるという、人間との価値観の相違が明らかになっている。

「借りぐらし」の原作の舞台であるイギリスはこのような土地であることを思い出しながら映画を見ると、きっと新しい見方もできることだろう。

草木百花の陰にひそむ自然霊

借りぐらし……だけでなく、ジブリ作品全般に共通している空気感、そしてリアリティはどこから来るのだろうか。

人物描写や色使いなど数多くの高度な技術や手法があるだろうが、その1つに、豊かな自然描写があると思う。

アリエッティが赤紫蘇を駆け下りる場面で、その背景に緻密に描かれた庭の千草。摘み取った花穂と、ローリエの葉を頭に乗せアリエッティは駆け抜けてゆく。野ねずみなどの小動物の動きにも思えるが、やはりそれとは違う描写に、まさに小人がいたらこんな感じだろうなと思わされた。

なにより豊かに描き出された植物たち。ごく普通の庭が、まさにジャングルのようである（事実、アリエッティの母親・ホミリーが森と呼んでいる）。

ジブリ独特の草木百花、いわゆる自然に対する写実性は、他のスタジオのそれとは違う気がする。例えば、新海誠監督の『言の葉の庭』も梅雨時の新宿御苑を美しく描き出しているが、それとはまた毛色が違う。

誤解を怖れずに言えば、ジブリの描く草木百花は、美しく切り取られたものではなく「ありのままを描いて」いる気がするのだ。

それはジブリ作品のすべてに見られる特徴のように思える。

例えば初期の代表作『となりのトトロ』（1988年）では、昭和30年代の豊かな自然を、そこに住む人たちとともに描き出し、日本人なら誰でも思い描くであろう「懐かしい日本の原風景」を描き出した。80年代の山形県を舞台とした『おもひでぽろぽろ』にも同じことが言える。

風の渡る田圃に揺れる稲穂に、雨に濡れる森。

主人公サツキとメイが暮らす家の裏手にある塚森には神社があって、そこのご神体である大楠にはトトロが住んでいる。

作中では明言されないが、トトロがある種の自然霊、ないしは自然神（つまりは妖精の仲間）であることは明らかだ。

実際、トトロ（と中トトロ、小トトロ）はどんぐりを芽吹かせたり、風に乗ったりなど、超常の力を使う。

そういった自然神、自然霊が潜んでいてもおかしくない、逆に居て当然だと思われる描写。ジブリが描く草木百花、山野とその陰には、独特の湿度のような、ある種の霊気が漂っている。

精霊信仰と妖精

ジブリの自然美の極致とも言えるのはやはり『もののけ姫』だろう。室町時代。まだ日本には広大な照葉樹林の森が残されていて、そこはもののけたちの領域であった。

他のジブリ作品と同じく地上波でも何度も放映されている傑作である。この中には数多の自然霊、そして自然神格が登場する。

森の木々に棲むコダマ。猪神や犬神。そして知性を持った動物たち。とりわけ物語のキーにもなる森の長とも言うべきシシ神。

その登場シーンを劇場で見たときは背筋に電気が走った。

一歩、また一歩とシシ神が、3本の蹄を持つ鳥のような脚を進める度に、草花や菌類が一気に芽吹き、また萎《しお》れてゆく。

その姿も、人面、樹木を思わせる角に山羊に似た耳。そして前述の鳥を彷彿とさせる脚などあらゆる自然の様相を内包している。

まさに「シシ神の森」という1つの世界の生命を司るに相応しい姿である。同時に、夜はデイダラボッチ（ダイダラボッチ）という二足歩行する半透明の巨人となる。

そしてこの登場シーンに付随して、本作の一方のヒロインである犬神に育てられた少女サンが、エミシの末裔であるアシタカの怪我の治癒をシシ神に祈願する場面がある。

サンは森の奥深くにある湖の、シシ神が降り立つ小島にアシタカを横たえると、その枕元に若木の枝を刺す。

暫くするとシシ神が、その若木を見つけやって来る……。

この一連の流れを見た者は、どこか後の神道として成立する日本の原始宗教を、そしてもっと生々しいナニカを垣間見た気はしなかっただろうか。

これまでの章にも何度か書いてきたが、妖精たちが立ち現れる場所のひとつに、先史時代の遺跡、とりわけ墳墓がある。それらは当時の人々が信仰していた神ないしは、それに類するものの痕跡が見られる。

また妖精自身が、太古の神々の残影でもある。

加えて、彼らは地下世界に座す豊穣神であり、生命の成長、そして終わりを司るという。地下の神が、同時に豊穣を司るという感覚は、ギリシア神話のハーデス、ローマ神話のプルートに遡ることが出来る。

成長を司る神が、死と関連する事例。まさしくシシ神ではないだろうか。

室町時代という、いまだ日本という意識が形成される以前を舞台にした『もののけ姫』と、欧州に残る妖精伝承には似たような通奏低音が響いているような気がする。

サンやアシタカ、そしてもののけたちの旧来の文化圏とエボシ御前らなど新しい文化の対立。それは、新しい宗教としてのキリスト教と、それに駆逐され悪魔とされ、一部アイルランドなどでは妖精となった旧来の神々という構図に酷似している。

自然崇拝、そして自然のものすべてに何らかの意識、時に神性が宿るという考えは、人は自然を治めることが出来るというキリスト教的感覚、ひいては現代の自然を支配しコントロールしようとする価値観と相反する。

精霊たちに寄り添うジブリ作品

ジブリ作品の根底には「人は自然と共に、時に組って、時に抗いつつも傍らで生きるしかない」という共生の理念があるように思う。

それはいみじくも『天空の城ラピュタ』（1986年）で、ヒロイン・シータがムスカに向か

って言う、

――どんなに恐ろしい武器を持っても、たくさんのかわいそうなロボットを操っても、
土から離れては生きられないのよ

このセリフと同じではないだろうか。

また、それらをさらに先鋭化させたような作品が『風の谷のナウシカ』の漫画版（1982年連載開始）である。

ナウシカの世界こそ、人が自然に蹂躙され、生存を脅かされている世界である。腐海と呼ばれる毒の瘴気を吐き出す菌類の森。そこに棲むのは蟲と呼ばれる、古代に存在したとされるような巨大な羽虫や甲虫たち。

人々は僅かに残された清浄な土地で、身を寄せ合って生きている。タイトルの風の谷も、そんな辺境の自治国の1つだ。

しかし、実はそれらは、人が穢《けが》した大地を浄化するシステムであり、蟲たちはそれを守っていると作中でナウシカが語る。

1984年の映画では、ナウシカが蟲たちの長である王蟲の子を助けるところで区切りが付けられているが、原作では2巻までの内容で、ストーリーはまだ続き、さらなる深みへ入っていく。

この物語に通底している言い伝えの1つに、

「その者青き衣を纏いて金色の野に降り立つべし　失われた大地との絆をむすばん」

というものがある。映画と原作では若干の差異（ここでは原作版を引用）があるが、ナウシカこそがこの青き衣の者として時に期待され、時に狙われる。

最終的に、ナウシカは「シュワの墓所」と呼ばれる神秘の技が蓄積された場所に辿り着く。どうして腐海が生まれたか、そして腐海が大地を、ひいては世界を浄化しきった後、人類はどうなるかを知ることとなる。

それはすべて仕組まれた残酷な事実。穢れきった大地を浄化すべく遥か昔、人類たちは神（今で言えば高度なAIのようなもの）を生み出し、それらは腐海という浄化システムと、それを守護するファイアーウォールとも言うべき蟲たちを人工的に作り出した。そして浄化し終わった世界で新たに誕生する人類の種も残していった。

ここで、浄化が終わった世界では、ナウシカたち、言わば旧タイプの人類は、生きていけないという事実が突きつけられる。

なんと残酷なことだろう。加えて、新たに生まれるようプログラムされた新人類たちは、争わず、音楽と詩などを好む穏やかな種として設定されているという。

もちろん、旧人類を新世界に適応させるための技もあると墓所の最奥から出現した神は言う。

だから私たちに協力しろと。

しかしナウシカはそれを撥ねつける。

『絶望の時代に理想と使命感からお前がつくられたことは疑わない
その人たちはなぜ気がつかなかったのだろう
清浄と汚濁こそが生命だということに
苦しみや悲劇やおろかさは清浄の世界でもなくなりはしない
それは人間の一部だから
（中略）
いのちは闇の中でまたたく光だ

すべては闇から生まれ闇に帰る
お前達も闇に帰るが良い』
（中略）
『巨大な墓や下僕などなくとも私達は世界の美しさと残酷さを知ることができる
私達の神は1枚の葉や一匹の蟲にすら宿っているからだ』
（風の谷のナウシカ7巻P200〜201）

この一連のセリフは恐らくは監督であり原作者の宮崎駿氏の哲学そのものではないだろうか。

そしてこれらナウシカの言葉は、そのままジブリ作品の様々なところに散見されると思う。

ジブリ作品の魅力である豊かな自然描写は、決して美化しすぎず、決して矮小化もしない、無垢なままの自然が画面に広がっているように思う。

だからこそ、そこに登場するシシ神やトトロ、『千と千尋の神隠し』（2001年）に出てくる様々な妖怪変化《へんげ》すら、アニメーションでありながら、今までどこかで、それこそ夢の中や幼い頃に出会したことがあるような、ある種の既視感、そしてリアリティを伴うのかもしれない。

物語的想像力という土壌

私はこれまでに妖精たちがいた、もしくは今でも立ち現れると土地の人たちが信じている場所を幾度となく訪れた。

古代の土塁。川の流れが寄り集まるところなど、様々な場所に立つ度に、そこには名状しがたいある種の気配が芬々《ふんぷん》と漂っているように思う。

ああ、こういう土地だからこそ妖精譚は生まれ、生き続けているのだと、頭ではなく、もっと皮膚感覚のような、理性や知性を介さない感覚として分かる気がするのだ。

妖精譚とは、土地と、そこに棲む人たち（つまり遭遇した人たち）、そして語り継ぐ人たちの三者がいて、はじめて成立する。

無数に広がるコンテンツを土地、広大な大地と考えれば、そこに登場するキャラクターを妖精、語り継ぐ人をプレイヤー、もしくは視聴者、読者とすればどうだろう。

ジブリ作品は、精緻な筆致と、ノスタルジーで終わらせない真摯な「自然と共に生きる意味」を持って土地と物語を描き出し、視聴者である私たちを「語り継ぐ人たち」に変容させる妖精譚ではないだろうか。

私たちがジブリ作品について思いを馳せるとき、確かにそこにはシシ神やトトロたちが立ち現れるのだ。

第8章 世界を席巻する妖精譚たち

ディズニーアニメ

ティンカー・ベルの仕事とは？

さて、前章では『借りぐらしのアリエッティ』を皮切りにジブリ作品を見てきたが、次はディズニー作品を妖精という観点で紐解いていこうと思う。

ディズニーといえば、ウォルト・ディズニー（1901～66年）が弟のロイと共に設立したディズニー・ブラザース・カートゥーン・スタジオがベースになった超巨大マスメディア・エンターテイメント複合企業である（正確にはウォルトが立ち上げた「ラフォグラム・フィルム」が母体であるが、この会社は1921～23年の約2年間の運営であった）。現在ではアニメーション、実写に限らず数々の映画を制作し、カリフォルニア、パリ、香港、そして東京などテーマパーク（ディズニーパーク&リゾート）を運営している。

ミッキーマウス、ドナルドダックといった主要キャラクターには誰もが1度は触れたことがあるという、世界一認知されているエンターテイメント企業であろう。

そして、多くのモティーフが『白雪姫』『ピノキオ』など世界の名作童話から想を得ていることは、設立当時から変わらない。童話に取材しているということは、当然妖精も登場する。

そんな中で、妖精学的に外せないのが『ピーターパン』(1953年)であろう。第5章の『ダンバイン』『エルガイム』でも少し触れたが、ピーターパンに登場するティンカー・ベルは、まさにエンターテイメントにおける「妖精のアイコン」と言っても過言ではないのではないだろうか。

原作であるジェームス・マシュー・バリーによるピーターパンはもともと戯曲『ピーター・パン・大人にならない少年』として1904年に発表され、その後『ケンジントン公園のピーターパン』(1906年)『ピーター・パンとウェンディ』(1911年)という小説の形でも発表された。

これらの作品の中には、ティンカー・ベルの他にも、人魚やケンジントン公園に住む妖精たちなど、数多くの妖精が登場するが、ここではやはり代名詞であるティンカー・ベルに注目していきたい。

さて、ティンカー・ベルには仕事があるのだが、ご存じだろうか。

え? 妖精は仕事をしないんじゃないの? との声が聞こえてきそうだが、いやいや、妖精も仕事をしている(こともある)。

例えば靴屋妖精レプラコーンは靴作りや修理が仕事だし、ブラウニーなどの家憑き妖精は、掃除や片付けが仕事である——時に悪戯も仕事（?）の場合もあるが。

ではティンカー・ベルはどうかというと、名前にすべてが表れている。

ティンカーとはそのまま鋳掛け屋、鍛冶屋という意味で、和訳すると「鍛冶屋のベルちゃん」といったところだ。

実際、彼女が主人公を務める『ティンカー・ベル』（2008年）では、彼女の手先の器用さなどが遺憾なく発揮されている。

それだけでなく、原作のディテールをみごとに換骨奪胎するディズニーのキャラ造形はまさに見事としか言いようがない。

ひっつめのお団子頭に、若草色のミニドレス。なにより猫の子を思わせる表情豊かな瞳に、繊細な昆虫の羽。

光の粉を振り撒きながら飛ぶさまは、およそすべての人が思い描く妖精そのものだろう。

ピーターパンの周りを忙しなく飛び回る姿や、その時に振り撒かれる「信じるものが浴びれば飛べるようになる妖精の粉」などの表現もまた素晴らしかった。

原作である『ピーター・パンとウェンディ』ではティンカー・ベルの外見について

——筋ばかりの枯れ葉で作ったガウンを上手に着こなしていました。襟ぐりが深く、肩幅の広いガウンから透けて見えるその姿は、またいちだんと引き立って見えました。ティンカー・ベルは、どちらかというと、アンボンポアンな（「ふとっている」の意のフランス語。女性について遠回しに用いる）感じの女の子でした。

（『ピーター・パン』J・M・バリ、秋田博訳、角川文庫）

と描写されているが、この描写から誰もが魅了されるティンカー・ベルを造形したのだから、ウォルト・ディズニー社のキャラクター作りには脱帽である。

彼女の造形について少し触れておけば、恐らく個人名を持ち、ここまでミニマムに、そして的確に「妖精」を表現したキャラクターは彼女が最初ではないだろうか。

もちろん何度も登場しているシシリー・メアリー・バーカーのイラストや、そもそもアーサー・ラッカムらによるピーターパンの挿絵でも、このような妖精は描かれている。しかし、それらは確かに美しく繊細だが、ディズニーの作り出した彼女のような強い個性は感じられない。

このようにキャラクター造形と動かし方に独特のリアリティを含ませるディズニー作品

は、観るものを「夢と魔法の世界」に誘ってくれる。

なぜアリエルはブラジャーをつけているのか

他のキャラでいうと、ティンカー・ベルと同じように人気があり、有名な妖精と言えば人魚姫のアリエルがいるだろう。

アンデルセンの『人魚姫』（1837年）を原作とした『リトル・マーメイド』は1989年にアメリカで、そして1991年に日本で公開された。

天真爛漫な笑顔に、海底で繰り広げられる仲間の人魚たちや魚たちとの生活。観るものをワクワクさせてくれるし、一気に気持ちを童心に、そして夢と魔法の世界に没入させてくれる。

彼女の造形は、伝統的な人魚、アイルランドやスコットランドなどに伝わる人魚伝説とほぼ同じと言って良いだろう。

赤い髪は魔力を表し（魔法使いの嫁のチセと同じ）、下半身は魚で緑色の鱗に覆われている。

第2章でツイステッドワンダーランドに触れたときも書いたが、ヨーロッパの人魚譚の多くで、人魚たちはおよそこのような姿をしている。蛇足であるが、アイルランドの人魚はメロウといい、女性は先述のような姿をしているが、男性は豚鼻の半魚人であるとされ、アリエルの父トリトンのような姿はしていない。

さて、ここで1つ大きな問題がある。

それはアンデルセンの人魚姫との結末の違いもさることながら、

「なぜ、アリエルは、ブラジャーをつけているのか?」

ということだ。

それは児童向けだから当然だ! との声が聞こえてきそうだ。

確かにその理由もあるが、それだけで終わらせてしまえるほど、このポイントは浅いものではない。

これは妖精学的に見ても、1つの事件と言って良いことなのである。

果たして、人魚が実在したとして、彼らは下着を身につけているのだろうか?

そもそも海の中で、魚と共に暮らす彼女たちが、下着を、そして服を着るという概念があるのだろうか?

それを紐解くには『リトル・マーメイド』より遡ること5年、1984年公開の映画『スプラッシュ』を振り返る必要がある。

8歳の頃、ケープ・コッドの海で溺れたアレンは不思議な少女に助けられる。その彼女が何者で、どうしてその時、海にいたのか分からないまま20年の時は過ぎ、大人になったアレンは再び海で溺れてしまう。それを助けたのが不思議な美女であり、その後、マディソンと名付けられた人魚であった。

トム・ハンクス演じるアレンと、ダリル・ハンナの人魚という組み合わせ、そしてコメディタッチを取り入れた甘いストーリーは好評を博した。

この作品は、ディズニー社が大人向けの映画を作るべく立ち上げたタッチストーン・フィルムズによって制作された。

なるほど、退屈させない展開と、おかしみがありつつも、仄かに切なさを感じさせるところを忘れない作りはディズニー映画と共通している。

物語自体は、アンデルセンの人魚姫と、伝統的妖精譚で多く語られている異類婚姻譚、とりわけフーケの『水妖記(ウンディーネ)』的な要素を詰め込んだものになっている。

しかし、スプラッシュが、それら古典と一線を画しているのが、結末とそこに至るまでの明るさだ。

人魚姫やウンディーネ、そしてアイルランドやスコットランドに残る人魚との婚姻譚の殆どは悲劇に終わる。

例えばアイルランド南西部ケリー県に残る「不思議な調べ（英題・The Wonderful Tune）」という民話では、笛吹きが人魚に誘われて水底の妖精郷へ去って行く。そこだけを切り取ればハッピーエンドだが、ラストは残された一人きりの母親の寂しさで包まれる。「ゴルラスの夫人（英題・The Lady of Gollerus）」など、伝統的な人魚譚では、種の違いを超えられず、仮に子供をなしていたとしても、永遠に結ばれることはない。もちろん人間側（多くの場合は男性）が、人魚と共に海に去ることはあってもそれは死を意味する。なぜなら伝統的に妖精郷とは死者の世界とイコールであるからだ。

しかし、スプラッシュのラスト。お互いの気持ちを確かめ合ったアレンとマディソンは、手を取り合って海の世界に飛び込む。テーマ曲である「Love Came for Me」の流れる中、2人が向かう先には、海底都市（おそらくは人魚や水霊たちの街であろう）が煌びやかに広がっている。

そこにはなんの悲劇もない。

もちろん、アレンは2度と地上に戻れないこと（クリスマスさえも！）は告げられるが、残された家族や協力者たちにも寂寥感は漂わない。

それは『リトル・マーメイド』も同じである。

アンデルセンの人魚姫では、王子の愛を得ることが叶わなかった人魚姫は、海の泡と消えなければならない。それを回避する唯一の方法である「王子を短剣で刺すこと」を拒んだ人魚姫は、海の泡となり、そして空気の精霊に変化する。

しかし、アリエルは違う。彼女は人間になり、王子との愛を成就させる。

このような改変は、童話を原作に持つディズニーアニメでは往々にして行われている。

もちろんそれについて賛否両論がある。

原作の切なくも美しい結末を壊しているとか、そもそも想像力を育む童話に、強烈な一方通行のイメージを植え付けた、など。

もちろん、それは考え方によっては首肯できるところもある。

しかし、そもそもディズニーは子供たちに「夢と魔法」を与えることを旨としている。

古典と言われる童話をディズニーというフィルターを通して作り直すとき、現代的な価値観にそぐわないであろう部分は色を変え、そして海を奔放に泳ぐアリエルにはブラジャーがつけられた。『スプラッシュ』でも、人魚マディソンは一糸纏わぬ姿で登場するが、彼女の髪などを巧みに使い、ほぼすべての場面で胸は隠されている。

新しい妖精譚としてのディズニー

改変された作品を観るとき、原作とディズニー作品、どちらが良い悪い、という視点ではなく、切り離し、文字通り「ディズニーの作品」として鑑賞するのが正しいのではないだろうか。

そう考えれば、人魚姫の無垢な気持ちが、その気持ち故に彼女の消滅という結末を迎えるのと、父や家族、仲間の協力を得つつ障害を乗り越え、真実の愛を勝ち得る、そのどちらがより「夢と魔法」に充ちているか。

たとえそれが、物質主義で、キリスト教的だと言われても、現代の親たちの多くはどちらを望むだろうか。

そもそも妖精譚や伝承、民話といった口承という領域に属するものは、人から人へ口伝えされる度に、姿を変え、時に結末すら変わってしまう。ひと頃人気を博した『本当は怖い〇〇』などの本で、良く知られているグリム童話などの初版が、なかなかに酷たらしいストーリーなのを知っている人も多いだろう。

物語は常に変化している。そして変化させるのは、その物語が語られている時代を生きる人たちなのだ。

では、そこに生きる妖精たちは？

『ピーター・パン』の中で、こう言われている。


「ね、ウェンディ、最初に生まれた人間の赤ちゃんが、初めて笑い声をたてるとね、その笑い声が幾つにも小さく割れて、みんなそこいらじゅうを跳ねまわるようになるんだよ。それが妖精のお誕生なんだ」

これは退屈な話でしたが、家にばかり閉じこもっているウェンディにとってはとてもおもしろく思えました。

「だからね」と、ピーターは気さくに話をつづけました。「子どもは男の子でも女の子でも、みんな一人ずつ妖精がついているはずなんだ」

「はずですって？　それじゃあ、ほんとうはいないの？」

「うん、いないのさ。それはね、今の子どもはなんでもよく知っているだろう。だからすぐに妖精を信じなくなってしまうんだよ。それで子どもが『妖精なんかいるもんか』なんて言うたびに、どこかで妖精が一人ずつ倒れて死んでゆくんだよ」

（『ピーター・パン』角川e文庫、J・M・バリ、秋田博訳）


であるならば、子供たち、そして昔子供だった大人たちに魔法をかけ、夢を見させるディズニーの作品は、今日もどこかで妖精たちを生み出しているのではないだろうか。

そして最後に。

妖精たちの愛するものに「音楽」がある。

彼らは音楽そのもの、そして音楽を演奏する人を愛している。

妖精の音楽に纏わる話も多いし、彼らが残した（中には盗み聞いた）という曲も多く伝わっている。

音楽は、彼らの物語を彩る最高のスパイスと言える。

それはディズニー作品にも言えることだ。

『アナと雪の女王』の「レット・イット・ゴー～ありのままで～」。『アラジン』の「ホール・ニュー・ワールド」、そして『リトル・マーメイド』の「パート・オブ・ユア・ワールド」に「アンダー・ザ・シー」など、聞くだけでその作品が浮かび上がってくる名曲ばかりだ。

妖精たちの音楽は、聞く者を魅了し、心を満たすという。

であるならば、圧倒的な作画と、心を打つ名曲を伴ったディズニー作品は、それそのものが新しい妖精譚であり妖精が住む王国と言って良いのではないだろうか。

第9章 森からやって来た魔法戦士

TRPGの妖精たち

テーブルトークRPGの花形・エルフ

今までゲームやアニメ、漫画などのコンテンツに登場する妖精を見てきた。

ではテーブルトークRPG（以下TRPG）と呼ばれるゲームではどうだろう。TRPGとは、今はスマホやPCが主流となったロールプレイングゲームやオープンワールドゲームなどを、対面での会話と、六面体や二十面体など、様々なダイス（サイコロ）を使って進めてゆくゲームのことである。

一時は、実際に集まらなくてはプレイできないという不便さや、スマホやネットゲームの手軽さに押されていたが、今ではZoomやSNSを利用することにより、プレイヤー人数は増えつつある。

何を隠そう、妖精の代名詞であるエルフを広めたのはこのジャンルである。

すらりとした細身に繊細な美しさ。そして魔法と武術（特に弓）をバランス良く習得し且つ長命。エルフは人気が出て当然の種族だ。

長いシナリオを何回かに分けて楽しむキャンペーンというプレイスタイルの初回、キャラクターシートを持ち寄ってみたら、殆どがエルフだったという笑い話もよく聞いたものだ。

この魅力的な種族は一体どこからやって来たのだろうか。

もちろん、彼らの出自については今まで多くの資料本やネタ本で記されてきている。

そこをおさらいし、かつ妖精学の知見を織り交ぜつつ紹介していこう。

エルフの源流はサンタのお供？

そもそもエルフとはなんなのか。

これだけで一冊の本が出せそうなテーマだが、一般的には、スカンジナビアやドイツなどの比較的北に位置する欧州の妖精譚に登場する「妖精たちの総称」である。

その起源は大変古く、良く知られているところでは、Elfはドイツ語の「Alp」。夢魔のことだという。

FGOの妖精女王マブでも少し触れたが、どうやら睡眠中の金縛りや、悪夢の類いはことごとく妖精の仕業とされていたようだ。

それが時代を経るにつれ、妖精全般を指す言葉になった。それは「Fairy」が妖精の魔法そのものを意味していたのが、その魔法を使う存在の名前に対象を変えていったのと同じである。言葉は様々に変化する。

他にも、古代ノルウェー語の「Alfer（アルフェル）」「Alf（アルフ）」より派生し、その語源はラテン語の「アルプス（白い）」「アルペス（山）」「エルフ（水）」などといった意味合いがあるそうだ。

北欧神話においてエルフとは、豊穣神フレイが統治するアルフヘイム（妖精郷ほどの意）に住み、光のエルフは太陽のように白く、黒いエルフは天然の瀝青《れきせい》（アスファルトのようなもの）より黒いという。様々な国で、様々に描かれて語られているエルフであるが、概して光のエルフは白い服を纏い、美しい音楽を奏で、朝露の野原で輪になって踊るという。

ここだけを見ると、確かにＴＲＰＧのエルフを彷彿とさせる。

しかし現代の欧米人、それもいわゆるアニメなどのコンテンツとあまり関わらず過ごしている人たちがエルフと聞くと、どういうものを想像するだろうか。

実はサンタクロースのお供なのである。

様々なエルフたち

緑のとんがり帽子とつま先の反っくり返った靴。赤毛でちょっと戯《おど》けたように剽軽《ひょうきん》だけれど、どこか人を喰ったような小人たち。

エルフはクリスマスシーズンに、サンタクロースの手伝いをする小妖精として認識されていることが多いのである。

彼らはサンタクロースの手助けをし、一人前になるのを望んでいるという。

特にハロウィンを過ぎてショッピングモールなどに行くと、ショーウインドウに彼らがディスプレイとして飾られていたり、毎年流行る「ダサセーター」の定番の柄としてもよく目にする。

そんな彼らをモティーフとした『エルフ 〜サンタの国からやってきた〜(原題:Elf)』というファンタジーコメディ映画が2003年に制作されている。

実際、こういうコミカルな存在としてもエルフは妖精譚に登場する。

例えば木の葉の上で踊ったり、乳搾りをした桶の中から牛乳を盗んだりと、およそ語られる小さな妖精たちの性質すべてを持ち合わせている。

もちろん、美しく、人間サイズのエルフもいる。彼らは人間が目にすると魂が抜けてしまうくらい美しく、同じように素晴らしい音楽を奏で、聞く者はおろか自然さえ支配するという。彼らは時に豊穣をもたらす存在として捉えられている。

しかし、そんなエルフには人と比べてどこか肉体的な違いがあり、例えば牛の尻尾が生えているとか、背中がえぐれてくぼんでいるとか言われている。

このようなエルフの伝承は、地域が変わればトロルやドワーフの話となって、とても一筋縄ではいかなくなる。

エルフとは、まさしく「妖怪」や「妖精」のように「超自然的な存在の代名詞」として広く知れ渡っていた。

変幻自在、曖昧模糊としていたエルフに1つの雛形を与えたのが『指輪物語』の作者であるJ・R・R・トールキン（1892〜1973年）である。TRPGはトールキンの多大な影響を受けているので、TRPGの前に少しトールキンの作品世界に寄り道しよう。

ホビットから指輪物語・トールキンの世界

トールキンと言えば『指輪物語』、『指輪物語』と言えば現代ファンタジーの金字塔。妖精学の観点から少し語ると、トールキンは前述のように、様々な地方、様々なお話で姿や性質を変える様々なタイプの妖精の総称としての「エルフ」に魅力的な、そして明確な「形」を与えたのだ。

トールキンの世界（中つ国）でのエルフとは一体どんなものだろう。彼は、『指輪物語』を始めとした世界を単純なファンタジー作品として終わらせなかった。神話を生み出したのだ。

トールキン世界のエルフはエル、アルダ（地球）ではイルーヴァタールと呼ばれる唯一神自らの手によって生み出された。

唯一神イルーヴァタールは、エルフをアイヌイ（「聖なる者たち」の意。唯一神によって最初に生み出された存在。天使的であり、群神のような存在）に、力と身の丈では劣るものの、姿形を似せて作った。

またエルフたちは誰かに殺されるか、悲嘆にかきくれて命が果てる以外で死ぬことはなく、なんとこの世の消滅まで生き続けるという。そして死にかけると、ヴァリノールのマンドスの館に集められ、いつかはそこから戻るとされている。

そんな彼らには、光のエルフ、暗闇のエルフ、灰色のエルフなど様々な区別があるが、一様に人間を超える身体能力と魔法の力が与えられている（ちなみにその後に作られたのが人間であるが、人間は簡単に死ぬし、寿命も短い）。

この辺りは映画『ロード・オブ・ザ・リング』シリーズ（２００１〜03年）での活躍を見れば分かるだろう。

灰色エルフのレゴラスは、小山のように大きな象に似たモンスターの大群に単騎で立ち向かい、次から次へ飛び移り鮮やかに倒してゆく。

裂け谷の領主エルロンドは、素晴らしい知恵と優しさで、旅の仲間を癒やし、力づけた。忘れてはならない「森の奥方、ガラドリエル」に至ってはまさしく女神といった佇まいであり、その底なしとも言える魔力の強さは、画面からヒシヒシと感じられた。

これらトールキンのエルフは、完璧に超常としていて、民間伝承のエルフの片鱗は残されていないようにも思える。他方で『指輪物語』から遡ること17年、１９３７年に発表された『ホビットの冒険』を読めば、民間伝承のエルフらしさが随所に窺える。

ねえ、何しているの？
どこ行くの？
小馬の蹄鉄減ってるよ。
川は流れる
おう、トララララリ
わが懐かしのこの渓谷に
（中略）
ずっといるの？
それともすぐに旅立ち？
小馬はまどい
日は病みおとろえる。
発つのはおろか、
のこるは愉快。
夜明けまででも

聞いておいでよ、
ボクらの唄を
ワッハッハ
といったぐあいに、森のなかから、笑い、歌っている声が聞こえてきました。

（『新版ホビット　ゆきてかえりし物語』上巻P87、山本史郎訳、原書房）


これはビルボ・バギンズ一行が、エルロンドの治める裂け谷に到着する前に、裂け谷のエルフたちと出会した場面である。

彼らはいつも歌い愉快に過ごしている。

それはトールキンのエルフたちが歌と共にあると創造されたからでもあるし『ホビットの冒険』が児童書として出版されたという経緯もあるだろうが、『ホビットの冒険』のエルフたちはとても「伝統的なエルフらしさ」を備えている。

特に、闇の森に住むエルフたちはさらにエルフらしい。

森のエルフとビルボたちの最初の出会いは、森の中、しかもエルフたちが宴会を催しているところだった。

素晴らしいご馳走の前に並ぶ森のエルフたちは、皆一様に美しく、髪を草花のかんざしで飾り、服にも宝石が輝いている。そして竪琴などを奏で愉快にぶどう酒を飲んでいる。しかも森のエルフはぶどう酒が大好物のようで、城にはたくさんのぶどう酒樽が蓄えられているし、森のエルフの王様は白く光る宝石に魅了されていて、それを目の前にすると見境がなくなるそうだ。

この森のエルフの王は『ホビットの冒険』では名前は登場しないが、前述のレゴラスの父スランドゥイルであり、映画『ホビット』シリーズ（2012〜14年）ではリー・ペイスが演じ、その高慢な美しさに多くのファンを生んだ。

もちろんこのような陽気さと享楽的性格は、トールキンのエルフすべてに言える事ではない。前述したとおり、中つ国には様々なエルフがいて、森のエルフは「光のエルフ」「深いエルフ」「海のエルフ」などの中でも、遥かに危険で、聡明ではないという。

とはいえ、それでも人間とは比べものにならない能力を備えているのだが。

トールキンのエルフを見ていて思うのは、従来のエルフに、彼の出身国イギリスのお隣アイルランドに伝わる「ダーナ神族」のニュアンスが入っていることだ。

今までも言及してきたが、妖精たちはもともと太古の神々で、信仰されなくなって妖精化した、というルーツを持つ。これは特にアイルランドの妖精たちに多く見られるルーツで「ディナ・シー（アイルランド語で妖精の民の意）」などと呼ばれる妖精たちは、皆輝くように美しく、馬を愛し、様々な魔法を使い、地下などの妖精郷に素晴らしい宮殿を構えている。

さて、こんなにも麗しい種族になって、胸躍る冒険に満ちた世界に遊んでみたいと願うのはファンタジー愛好者なら当然だろう。

それを可能にしたのがＴＲＰＧであり、その嚆矢こそ『ダンジョンズ＆ドラゴンズ』である。

盤上で活躍するエルフたち

１９７３年にゲイリー・ガイギャックス、デイヴ・アーンソン両氏によって作られ、米国で発売された『ダンジョンズ＆ドラゴンズ』は世界最初のテーブルトークＲＰＧであり、その後、数多発売されるＴＲＰＧの原点となった。

ＴＲＰＧには現実の未来や現代、過去を舞台としたものもあるが、主流は、多くのＲＰ

Gと同じく、いわゆる中世、近世のヨーロッパをベースとした異世界を舞台としており、『指輪物語』や『ホビット』の中つ国と類似した世界観を持っている。

つまり神々や悪魔、モンスター、そして妖精たちや魔法が現実に存在している世界だ。最近では、ミニチュアのフィギュアなどを使う場合もあるが、基本はプレイヤーと、ゲームシナリオを進め、ストーリーを保持するダンジョン・マスターの想像力ありきのゲームである。

『ダンジョンズ&ドラゴンズ』はその緻密な世界観、設定も相まって好評を博し、世界観やルールなどの改変、補強などを繰り返し、今では第5版まで進んでいる。

まず、今では「赤箱」と呼ばれる「ベーシック・ルール・セット/Basic Rules Set」でのエルフを見てみよう。


——繊細な容ぼうと、とがった耳を持つ。すらりとして優雅な種族である。エルフの身長は150cmから165cmである。かれらはすべてのよろい、武器、さらには魔法使いの呪文も使うことができる。彼らは、このように強力な友（又は強力な敵）となるが、普通は戦いよりも森の広場で宴をひらいたりして陽気にすごすことを好む。

（ベーシック・ルール・セット、エルフの項目より引用）

なるほど、トールキンのエルフそのままである。

また初期の『ダンジョンズ&ドラゴンズ』では、種族によるクラス（冒険者としての職業）がほぼ固定されていて、エルフは魔法戦士として、前述の通り、魔法も使え、武器も鎧も制限を受けない。

なんとも恵まれた、ややもするとチート気味なキャラクターである。

だがもちろんデメリットも存在していて、成長がすこぶる遅い。平均的にレベルの上がるファイター（戦士）の2倍、成長の早いシーフ（盗賊）の3倍だし、レベル上限も他のクラスが36レベルに対して、エルフは26で止まってしまう。

もちろん、不公平にならないための処置でもあるし、なにより長命である（つまりゆっくり成長する）ことの表現なのだろう。

『ダンジョンズ&ドラゴンズ』は今でいうメディアミックスとして『ドラゴンランス戦記』（1984年）などの同じ世界観を持つ小説が出版された。ドラゴンランス戦記は正確にはダンジョンズ&ドラゴンズの上級者向けルール『アドバンスト・ダンジョンズ&ドラゴンズ』

をベースにしている。

そして『ダンジョンズ&ドラゴンズ』シリーズのエルフを語る上で忘れてはならないのがダークエルフ（ドラウ）だろう。

漆黒の邪妖精ダークエルフ

一般的に善良で森に住むエルフに対して、ダークエルフは主に地下世界に住むエルフたちで、性質は邪悪で、邪神に仕えている。

登場作品によってまちまちだが、概ね褐色や黒い肌に銀髪かプラチナブロンドの髪をしていて、一般のエルフと性質も真逆である。彼らはエルフの敵であり、陰謀や罠を好む。邪悪でありながら、エルフと同じく繊細な容姿を持つダークエルフは、ファンタジータイトルの多くに登場する。

メジャーなところでは、PCゲームの『バルダーズ・ゲートシリーズ』（1998年〜）では、キャラクターメイキングでエルフを選択し、性質（アライメント）をイービル（邪悪）にすると肌が自動的に黒くなる。

また、邪悪に染まったエルフという設定は、ダークエルフでありながら善良な心を持つドリッズト（『ダークエルフ物語』R・A・サルバトーレ、2003年）という素晴らしいヒーローさえ生み出した。

日本のライトノベルでもダークエルフを主人公にした川人忠明の『ダークエルフの口づけ』がある。

トールキンのエルフにも、闇や暗がりという言葉を冠した「暗闇のエルフ」がいる。

これは邪悪等という意味ではなく、単純に光のエルフとの対義語的に用いられている。

ではなぜ彼らが「暗闇のエルフ」と呼ばれているのか。

それは太陽と月が創造される以前、銀の木テルペリオンと金の木ラウレリンという2本の木があり、その光を見なかったからという理由なのだ。エルフが創造されたとき、中つ国は危険に満ちていたため、エルフたちは、2本の木が光り輝くアマン（至福の土地）を目指して旅に出た。そしてアマンに辿り着いた者たちを光のエルフ、旅の途中で挫折した者、そもそも旅に出なかった者たちを暗闇のエルフと呼ぶのだ。そもそもトールキン世界で、エルフの仇敵として「オーク」がいる。彼らは諸悪の根源モルゴスに捉えられ、様々な拷問や幽閉などの末、性質は邪悪に、姿も不気味に変化したとされる。

なお、トールキンのエルフに関しては非常に複雑で且つ膨大な設定があるためここでは割愛する。興味のある人はぜひエルフたちが活躍する『シルマリルの物語』（評論社）を読んで欲しい。

そして、このダークエルフ。トールキン作品での描写はもちろん『ダンジョンズ&ドラゴンズ』の由来と言っていいのだが、その原型をさらに遡ると伝統的妖精譚に行き当たる。

2つの軍勢に分かれる妖精たち

妖精たちには、大きな枠組みがあるという。

スコットランドでは、妖精たちは2つに大別される。

ひとつはシーリーコート（Seelie Court）。

もうひとつはアンシーリーコート（Unseelie Court）。

シーリーとは祝福されたという意味で、シーリーコートは「祝福された宮廷の妖精たち」などと訳されることがある。

彼らは善良であり、自分たちに良くしてくれた人や、正直者に祝福を与え、守護する。

美しく、人を無闇に傷つけることはない。正直であるが故に、あくどい地主などに騙される気の良い農夫などに贈り物をする話が多く伝わっている。眠れる森の美女に祝福を与えた妖精たちを思い浮かべて貰えれば、何となく想像出来るのではないだろうか。

対してアンシーリーコートは、邪悪な妖精たちで、いかなる事があっても人間に好意を持つことはないという。

一説には、この世に彷徨う亡霊たちだとも言われていて、虚空から呪いの矢を投げつけたりする。もちろん人を騙したり、時には食べたりする。

シーリーコート、アンシーリーコートとは、エルフとダークエルフの構図そのものなのだ。

この他にも、大まかな分類としては、イエイツの示したものがある。

ウイリアム・バトラー・イエイツ（1865〜1939年）と言えばアイルランド最大の詩人の1人であるが、同時に彼はアイルランドの伝統的文化復興の担い手でもあった。

彼は、アイルランド北西部スライゴを中心に、長年フィールドワークを行い、多くの妖精伝承を蒐集し『ケルトの薄明（原題・The Celtic Twilight）』などに纏めた。

その中で彼は、妖精を大まかに、群れをなす妖精（grouping Fairy）と一人暮らしの妖精

（solitary Fairy）に分けた。

どちらも読んで字のごとしだが、群れをなす妖精は、王や騎士団があり国をなしている。踊ったり音楽を奏でたりと、おおよそは善良であり、いわゆる私たちが漠然と思い描く妖精に近い。

一人暮らしの妖精たちは、荒野などに住み、偏屈で邪悪であることが多い。旅人などを迷わせ、命を奪ったりする。

とは言え、アイルランドのマスコットとも言えるレプラコーンは一人暮らしの妖精に分類されるが、決して悪いことだけをしている訳ではないし、泣き妖精バンシーも、不吉ではあるが、彼女自身が命を奪いに来る訳ではない。

現実の人間と同じように彼らは様々な性質を持ち、一筋縄ではいかないのは今まで見てきた通りである。

が、ことゲームや創作において、出自による性質の固定、種族故の行動の違いというのは、大変重要なフレーバーとなる。

光を宿したエルフと闇に潜むエルフ。

この見事な対比はＲＰＧの世界には欠かせないスパイスとなった。

このように、民間伝承から飛び出し、様々な変化を見せるエルフたちだが、日本で「エルフ」の名を知らしめたのは、やはりハイ・エルフの精霊使いディードリット。小説『ロードス島戦記』（1988年）のヒロインだろう。

帰らずの森の妖精

雑誌『コンプティーク』に『ダンジョンズ＆ドラゴンズ』のリプレイとして連載されていたシナリオをベースとして生み出された『ロードス島戦記』は、いわゆるファンタジー世界を舞台にした、今で言うライトノベルに分類される作品である。

アレクトラス大陸の南の沖に浮かぶ呪われた島ロードス。大地母神マーファと邪神カーディスが争い、共に倒れた島として、今でも様々な争いと災厄の絶えない土地である。

聖騎士であった父のようになりたいと立ち上がった騎士見習いのパーンを中心に、魔術師スレイン、ドワーフのギム、盗賊のウッド・チャック、司祭のエトらのパーティが、ロードスの未来を動かし、また戦いに巻き込まれてゆく。

そのパーティに途中から加わるのが「帰らずの森」からやって来た若きハイ・エルフ、

ディードリットだ。

帰らずの森とは、ロードスに数ある魔所の1つで、古代のエルフたちの呪いがかかっていて、一度入れば二度と出てこられないと畏れられている。実際に、その森にはハイ・エルフ（ロードス島戦記の世界「ソードワールド」において普通のエルフより高い能力と無限の寿命を持つ上位種）の長老により迷路の魔法がかけられていて、森の中にはハイ・エルフたちの村がある。

ディードリットは閉じたハイ・エルフの世界から飛び出した弱冠160歳の若木（ハイ・エルフの間では若いエルフをそう呼ぶ）である。

出渕裕氏が描き出したディードリットは、華奢な体つきに白い肌。ロングストレートの金髪に、ややつり上がった青いアーモンドアイという典型的なエルフ像と同時に、まるで笹の葉のように長い耳を持っていた。

この長耳というのは画期的だった。

確かに、トールキンのエルフや、それ以前の『夏の夜の夢』のパックなど、妖精の耳が尖っている描写は今までにもあった。

が、それはあくまでも「人間の耳のサイズで先が尖っている」という程度だった。

しかし出渕氏のエルフは、揺れる長い髪からピンと突き出している。それはウサギの耳のようだとも言われるほどの長さだった。

加えて原作者、水野良氏と出渕氏の描くディードリットが魅力的であった。超然としたエルフ（しかもハイ・エルフ）として恵まれた魔法能力と、どこか人間や他の種族と距離をとっているようにも思える面と、閉じた森から飛び出してきた無垢な少女であり、時に思いを寄せるパーンと、若き英雄である彼に近づく女性たちに対して嫉妬する女性としての面のどちらも巧みに見せてくれた。

そして彼女を決定的に有名にしたのが、1990年より全13話で製作されたOVAである。キャラクターデザインとして結城信輝氏、声を当時まだデビュー4年目の冬馬由美氏が務めた。

繊細な色使いと、膨大な線で動かされ、初々しさを感じさせる声で喋るディードリットは、人気を博し、多くのアニメ雑誌の表紙を飾り、その後も、作品そのものの人気も相まって、ラジオドラマ、コミックスと多くのメディアミックスとして発展していった。

今でもエルフと言えば想像される姿。金髪のストレートヘアに淡い色の瞳。そして繊細なプロポーション。なにより長耳というのは、彼女がベースとなっている。

特に長耳というスタイルは、海外に逆輸入され、今では、多くのエルフがそういう耳で描かれている。

キャラクター造形が素晴らしかったことが、彼女の人気の理由であることは疑いようもない。

しかし、私は、もう1つ大きなポイントがあるように思う。

それはディードリットが精霊使い、シャーマンであったことだ。

精霊と妖精

ソードワールドの世界には、スペルマスターとして大まかに、ソーサラー、プリースト、シャーマンの3種類が用意されている。

ソーサラーはいわゆる典型的な魔法使いで、ローブを纏い杖を振り魔法をかける。

プリーストは神聖魔法。治癒や浄化などを得意とする。

そしてシャーマン。

一般には、シャーマンとは（現実にもゲームにも）祖霊や動物霊などを自身に憑依させたり、降霊させることが多いが、ソードワールドのシャーマンは、動物霊などを自身に憑依させせず、地水火風などの自然霊を召喚し、魔法を行使する（ちなみに『ダンジョンズ＆ドラゴンズ』ではドルイドというクラスがあり、そちらは動物霊を使役したり動物に変身したりするが、ソードワールドにはドルイドのクラスはなく、シャーマンがその役を担っている設定になっている）。

トールキンのエルフは確かに森や渓谷に住む場合が多いが、ソードワールドのエルフは更に自然に近く、ＴＲＰＧとしてルール化されたソードワールドＲＰＧでは、エルフを選択すると、自動的にシャーマンの技能を１レベル、デフォルトで所持している。つまりエルフであれば、誰もが精霊と交信できるのだ。

また、精霊たちが住む精霊界に溢れる諸力を、人間たちの住む物質界に滞ることなく分配するのは妖精界に住む妖精の仕事として設定されている（ちなみにプレイアブルキャラクターである（ハイ・エルフを除く）エルフやドワーフは太古、妖精界から離れた存在であり、そのような仕事や、妖精界に帰ることは出来ないとされる）。

この組み合わせは、素晴らしいとしか言いようがないと思う。

それまでの魔法使いが持っていた、厳めしい呪文を唱え、破壊の魔法を使う姿よりも、もっと軽やかに、精霊と語らいながら使われる精霊魔法と、精霊たちの友を自任するディードリットの姿にどれだけの人が魅了されただろうか。

エルフという存在がより精霊に近く、神秘的に描かれ、特に一般的に妖精と言えば「自然霊に関する何か」だと想像しやすい日本人にとっていっそう馴染み深くなったと思う。なお、OVAではヒロインという立場上、それほど強大な魔法を使わなかった彼女だが、原作では精霊王と契約し、戦局を左右する強力なシャーマンに成長する。

とりもなおさずディードリットの登場は、その後のTRPG、RPGに多大な影響を与えた。

また、OVAにオリジナルキャラクターとして登場したダークエルフのピロテースも人気を博した。彼女はディードリットと同じく精霊使いであり、光と影のように設定され、エルフは細身でスレンダーだが、ダークエルフは細身ながらもグラマラスという対比を見せ、その後のダークエルフ像にも影響を与えている。

民間伝承の妖精の総称としてのエルフから、トールキンがエッセンスを抽出し原型を作り、日本のコンテンツが、ディードリットという素晴らしいカタチを作り出した。

この出来事は『ホビットの冒険』が出版された1937年から『ロードス島戦記』のOVAが発売された1990年までの53年間で起こった。

もともと妖精たちは長い歳月をかけて、共に様々に名前や姿を変えてきた。このイメージの変化はその加速版、圧縮版ではないだろうか。

幼い頃にホビット、指輪物語を読み、思春期にロードス島戦記を知り、OVAを見たという、エルフの変化をリアルタイムで体験した人もきっといるはずだ。

今では、TRPGのみならずファンタジーには欠かせない妖精族となったエルフ。

唯一神が作り出した美しき種族から、森に生きる精霊の友に変化した妖精。

そして今は、『エルフを狩るモノたち』（1994～2008年）、『エルフさんは痩せられない。』（2016年～）と、時にギャグ要員としてさえコンテンツに登場する。

これから先、彼らはどんな活躍をし、そしてどんな変容を遂げるのだろうか。

プリキュアシリーズ、魔女っ子シリーズ、ドラえもん

日常の中の妖精譚

さて、今まで様々な作品に登場する妖精を、具体的なタイトルを挙げて見てきた。

どれもが素晴らしい作品ばかりだが、すべてに共通しているところがあることに気がつく。

それはどのタイトルも、舞台そのものが、非日常ということだ。

『ツイステッドワンダーランド』は、主人公が別の世界（恐らくは現実世界であろう）からやって来るところから始まるし『聖戦士ダンバイン』『重戦機エルガイム』は完全な別世界で、『女神転生シリーズ』は多くが大破壊後であり、『Fate/Grand Order』に至っては、人類の存亡を賭けた戦いが繰り広げられている世界線が舞台である。

現代そのものに思える『魔法使いの嫁』や『銀曜日のおとぎばなし』『とんがり帽子のメモル』も、イギリスやスイスという、メインの読者と想定している日本人にとっては非日常である。

では、読者と同じ地平線にある日常を舞台にして妖精が登場する作品はないのだろうか。

もちろんある。

ここで私は満を持して『プリキュア』シリーズを紹介したい。

変身させる妖精

『ふたりはプリキュア』から始まったシリーズは今年で20作20年に亘る人気シリーズとして、いわゆる「日朝」と呼ばれる日曜朝8時半台のアニメーションの代表作となっている。

ストーリーの大本は基本的に共通していて、妖精に見いだされた主人公がプリキュアになって戦う。その理由には差異はあるが、おおよそ妖精の世界と、こちらの世界はリンクしていて、妖精の世界が悪の勢力に支配される、ないしは破壊されるとこちら側も同じように不利益を被る、というのだ。

またプリキュアに選ばれるのは、だいたいが女子中学生なのだが、作品によっては男子であったり、人ではない場合もある。

作品によっては妖精と明言されていない時もあるが、プリキュアシリーズに登場する妖精たちは、およそ、妖精と言った時に思い出される姿をしていないことが多い。

例えばデビュー作『ふたりはプリキュア』に登場するメップルとミップルは、一見動物なのか、ぬいぐるみなのかよく分からないが愛らしい姿をした小動物系で、登場シーンは二つ折り携帯電話（いわゆるガラケー）に似たカードコミューンに乗って主人公たちの前に現れた（正確には、彼らが地球で実体化しつづけるには大量のエネルギーを消費するため、この形であるという）。

他にも、リスやユニコーン、中には赤ん坊の姿をしたものまで多種多様である。もちろんティンカー・ベル型もいるし、人の姿に変身する妖精もいる。

なんとバラエティに富んだ妖精たちだろう。

これは妖精学における妖精の分類でも同じで、いわゆるティンカー・ベル型の妖精は少ない。妖精学学徒必携とも言われるキャサリン・ブリッグズ『妖精事典』に掲載されている妖精たちの中で、美形、小人タイプは少なく、多くが異形の類である。

変幻自在のその姿

スコットランドの北部に浮かぶシェトランド諸島には「イット（It）」という妖精がいる。It。日本語に無理やり訳すと「それ」となるが、なぜこんな代名詞が妖精の名前になっているかというと、Itは見る人によって姿を変えてしまうからだ。

ある者にとっては大きなクラゲのようであったり、ある者にとっては脚のない獣であったり、また人の形をとるとも言う。

Itはクリスマス頃の夜に現れて、腐った肉を投げつけてくるなどの悪戯をしでかすのだが、こういった姿が一定でない妖精は、お隣アイルランドにもいる。アイルランドのものはプーカと呼ばれ、多くは黒い小馬の姿をしているとされているが、遭遇譚を紐解けば、仔牛だったり、黒妖犬のようであったりと定まっていない。

また妖精とは、人の思念を読み取り、こちら側に都合の良い（またはその逆の）姿をとることが出来るとしている神秘家もいる。女神転生の章で触れたブラヴァツキー夫人の流れを汲むニューエイジ思想家たちの著作などでも、そのように言及されている。

つまり妖精は、あらゆる姿をとる可能性があるということだ。

そんな妖精たちが、前述したように、ごく普通の中学生の前に現れて平和を守る戦士としての資格を与える。

当初は主人公たちは戸惑いながらプリキュアとして悪と戦い、そして最終的には世界を救う。

しかし、それと同時に、友情のこと、学校のこと、そして恋愛など様々なことに思い悩み、乗り越えてゆく。

その生き生きとしたさまは、彼らはあの時、妖精たちに見いだされなかったとしたら年齢相応の中学生たちなのだということを思い出させる。

そう、出会わなければ。

どうしてここで敢えて『プリキュア』シリーズに注目したのか。

それは、ある意味で、いま放送されているアニメーションの中で、もっとも端的に「妖精」を表現していると思われるからである。

妖精の条件は特殊能力と帰る世界を持つこと

妖精には自然霊、古の神々が矮小化した姿、そして祖霊など様々な出自がある。

またその性質からして、良い妖精と悪い妖精がいるとされる。

だがこれらの線引きは、百科事典の項目のようにハッキリと区分けされている訳ではないし「妖精は死者と踊る」という妖精学のセオリーも加味すれば、幽霊と妖精の境界線は曖昧で、妖精の範疇は無限に広がってゆく。

しかし、ことコンテンツにおいて、妖精に求められ、かつ託された役割を求めていけば、自ずと共通点が浮かび上がってくる。
それは、

- 通常人にはない、独自の特殊能力を持っている
- 帰属する、もしくは戻る世界があること

の2点ではないだろうか。

多くの場合、妖精は何らかの魔法の力を有している。

例えば『魔法使いの嫁』に登場する妖精の代表格エアリエルは、風に乗ってどこまでも飛べるし、かまいたちも起こせる。『ツイステッドワンダーランド』のマレウスは、魔力が強すぎて競技大会には出られないほどだという。

この他にも、女神転生シリーズなどに登場するハイピクシーたちなど、妖精は殆どが魔法の使い手として描かれている。

ここで1つ大事なポイントがある。

この特殊能力が、能動的に使えるのか、それとも受動的なのか。

または「異能ではなくてもそう謂われているだけ」なのか。

これらすべてを引っくるめて「特殊能力を持っている」とみなすということだ。

名作『ベルセルク』（三浦建太郎）に出てくるパックを例に見てみよう。

彼は、いわゆる小妖精タイプの妖精で、小さく、背中に昆虫様の羽を持っている。

その体格故、直接的戦闘能力は低い。特殊能力としては、気を探る力があり、それで人捜しが出来たりもするし、体を光らせて敵に目眩ましを仕掛けることも出来る。

だが、彼が一番役立つのは、その体から出る強力な治癒力のある「妖精の粉」であるが、それは蝶の鱗粉と同じで、自分から自発的に振りまけるものではない。

同じ小妖精タイプの妖精としてエルガイムに登場するリリス・ファウは、本人に明確な魔法能力はないが、「天下を取るなら妖精と笑え」という言い伝えと共に描かれる。実際にはそういう力がなくとも、大勢がそう思うなら、それは現実の力、そして付加価値となって、妖精について回る。

他にも、人魚の肉を食べると不老不死になるという逸話はとても有名だが、すべての人魚譚で言われている事ではない。しかしそう思っている人が多い故に、人魚たちは人目を避けるという設定がソードワールドRPGでは為されている。だが、その行為自体が却って対象をより神秘的な存在にしてしまうのだが。

また、翼のある妖精の基本能力である飛行能力がなくとも、体の小ささなども、人にはない立派な特殊能力と言える。それは『ホビットの冒険』のビルボ・バギンズが「忍び」として有能だったことを見ても窺える。

美しさも特殊能力と言って良いだろう。

性別、人型か半人半獣かを問わず、美しいということはそれだけで希少価値があり、妖精の神秘性に拍車をかける。

創作はもちろんだが、神話伝承などの世界でも、その美しさが故に争いに巻き込まれたり、神々からの求婚を退けるために騒動を巻き起こす妖精の話はよく出てくる。

ギリシア神話でアポロンに追いかけられたダプネーは、河の神の娘でありニンフであったし、アイルランドの妖精姫エーティンは、その美貌により嫉妬され、妖精と人、そして国を巻き込んだ数奇な運命を辿ることとなった。

次に「帰属する、もしくは戻る世界があること」。

これは言い換えると、妖精たちの世界を持っているということだ。

『ピーター・パン』のネバーランドにある妖精の谷「ピクシー・ホロウ」。ハイ・エルフのディードリットたちが住む帰らずの森、加えてソードワールド、『ロードス島戦記』の世界では妖精界という完全に別の世界が存在する。

アンデルセンの『人魚姫』の、矢車菊のような海の色が水晶のように澄み切った海底にある人魚たちの国。

または『となりのトトロ』のトトロのねぐらである大楠は、確かにサツキとメイの家の隣に位置しているが、単純には辿り着けない。

このように妖精の持つ距離や場所に関係なく、時に既にそれらの領域が消失していても構わない。

仲間が既に死に絶えていたとしても同じである。『聖戦士ダンバイン』におけるチャム・ファウがたった1人地上に残されていたとしても、本来の彼らには帰るべき領域がある。

つまり妖精は、常にヒトや主人公側からすると、異なった場所からやって来た客人《まろうど》なのだ。

これは、妖精が当たり前にいるという世界や、主人公がエルフなどの妖精族である場合も含まれる。なぜなら、妖精が確固たる種族として認識されているならば、妖精たちが作る共同体や街などがあることを意味しているためだ。『ホビットの冒険』のエルロンドの治める裂け谷の様に。

妖精の本質と託された役目

さて、この2つに加えて、コンテンツの妖精たちに与えられ、かつ期待されていることがある。

それは物語を進め、そして登場人物——多くの場合は主人公に変化をもたらすという事だ。

この妖精に付与された属性は、彼らの名前に如実に表れている。

妖精には、エルフ、ピクシー、スプライトなど様々な呼び方がある。

だが、もっとも一般的なのはフェアリーであろう。

Fateについてのくだりでも触れたが、フェアリーの語源については、ペルシアの天使的種族ペリの名前が変化したとか、フェという魔法に精通した女性を意味する言葉が関与しているなど様々あるが、現在、もっとも確信されているのは「Fate―運命」という言葉が変化したというものだ。

ギリシア神話に登場するクロト、ラケシス、アトロポスの運命を司る三姉妹。北欧のノルンであるウルズ、ヴェルザンディ、スクルド。人の定めを決定する女神たちを示す言葉が変化し、フェアリーという言葉になった。

もちろん、運命の女神が即フェアリーになったのではなく、当初Fairyという単語は、Faerieなどと書かれ、「魔法、幻覚」を意味し、それが「幻想の国」「魔法の国」を指す言葉に変わり、最終的には、その国に住む住人を指す言葉になったと言う。

いずれにせよ、妖精たちには、人の運命を左右する女神たちの神格がしっかりと宿っているのだ。

振り返ると、コンテンツのストーリーにおいて妖精の登場は、物語を動かしてきた。『魔法使いの嫁』で、チセは風の精エアリエルに誘われて、夜の野に足を踏み入れたし、妖精王オベロンとその妻ティターニアの縁故は、後々、様々な局面でチセの助力となった。

ウェンディたちはピーター・パンと出会うことで、ネバーランドに赴くことになった。『人魚姫』の王子は、人魚姫に命を救われたし『ロードス島戦記』のパーンは、ディードリットと出会うことで、ハイ・エルフたちの住む帰らずの森と関わりを持ち、次作の『新ロードス島戦記』では、スパークはハーフエルフのリーフの助力もあり、暗黒の島マーモのダークエルフたちとの関わりを持つことになってゆく。

まさしく物語のきっかけを生み、駒を進めさせるキーを回す役割が与えられている。

『プリキュア』シリーズを振り返ってみよう。

登場する妖精などは、妖精たちの世界（ないしはそれと同義の場所）から、こちら側にやって来て、不思議なアイテムを持ち、且つ、主人公たちをプリキュアという、想像すらしていなかった運命に導く。

まさしく妖精の本質そのものではないか。

今では僻地と呼ばれる田舎を中心に残され、語られている妖精譚の登場人物は、いつもと同じように道を歩いて、ほんの気まぐれで使わない道を通る。

その先で出会すのが靴屋妖精レプラコーンであったり、変身妖精プーカだったりする。

その出会いは、時に不幸で、時に幸運に終わることもあるが、どちらにせよ、出会った者は、その後の人生が変化する。妖精に遭遇した者として。

このような妖精の働きは、民間伝承だけでなく、童話、特に児童文学でも多く見られる。その代表格がシンデレラであろう。

ひと頃流行った『本当は怖い〇〇』などでは、シンデレラが王子と結婚した後、継母たちに酷い仕打ちをしたところがクローズアップされているが、シンデレラに様々な贈り物をするのは、彼女の実の母が埋葬されているところに立つハシバミの木とそこに訪れる白い2羽の小鳥である。

小鳥はシンデレラの母の魂が変化したものと言われているし、ハシバミは古来邪妖精を退ける魔除けの木とされるし、そもそも死者と妖精は常に分けがたく、アイルランドの民間伝承では、母親の霊が、井戸の精霊として登場する話もある。

灰かぶりの娘は、異界の力を使って、美しい姫に変身し、下女の暮らしから一国の姫になる。

このような変身願望を叶える作品は大変長い歴史があり、手塚治虫氏の『リボンの騎士』（漫画は1953年より、テレビアニメは1967年より）もその1つであろう。サファイア姫が男装の剣士として戦う姿に心躍らせた少女は多いことだろう。

さらに忘れてはならないのが「魔法少女もの」である。

赤塚不二夫の『ひみつのアッコちゃん』や横山光輝の『魔法使いサリー』など、1966年から1981年までの15年にわたって放送されてきたアニメシリーズ「東映魔女っ子シリーズ」をルーツとし、『美少女戦士セーラームーン』『魔法少女まどか☆マギカ』など現在まで続く一大ジャンルだ。

魔法少女ものと妖精

魔法少女ものの古典といえば『魔法のプリンセスミンキーモモ』、『ぴえろ魔法少女シリーズ』。

昨今の昭和ブームでも、キャラクターグッズのリバイバルや、オープニングテーマ曲のリミックスなども見られる。

『魔法のプリンセスミンキーモモ』は、主人公ミンキーモモ自体が、魔法の国フェナリナーサのプリンセスであり、様々な人と出会い、影響を与え、また与えられていくという妖精的側面を持っている。もちろん、モモは魔法が使え、大人に変身し、あらゆる職業のエキスパートとなる。

他方『ぴえろ魔法少女シリーズ』は、一貫して妖精が出てくる。『魔法の天使クリィミーマミ』(1983年〜)だろう。

『魔法のスターマジカルエミ』(1985年〜)では鏡の国から来た妖精トポ。『魔法のアイドルパステルユーミ』(1986年〜)では花の妖精かき丸・ケシ丸。『魔法のステージファンシーララ』(1998年〜)では時間の記憶からやって来たピグ、モグ。『魔法の妖精ペルシャ』(1984年〜)では異世界ラブリードリームから、ゲラゲラ、プリプリ、メソメソという3人の妖精がお目付役として登場する。

彼らは、ぬいぐるみ型であったり恐竜型、中には河童型とバラエティに富んでいるが、どれも皆愛らしく、マスコットキャラクターとしての役割を務めている。

それまで繋がりのなかったアニメーションと芸能界が結びついた作品となっていて、主人公の森沢優は、フェザースターの妖精・ピノピノの舟を助ける。箱船の中に広がっていたのはフェザースターの記憶で、そこにはティンカー・ベル型のフェアリーやエルフなどが登場する。

夢嵐に巻き込まれ、フェザースターへの帰り方が分からなくなっていたところを助けてくれたんだ、と説明するピノピノに、優は「フェザースターなんて知らないわ」と返すのだが、ピノピノ曰く、生まれる前には誰もがフェザースターを知っていると言う。だが生まれてすぐ、ピノピノたちの使い魔が「誰にも教えてはいけないよ」と唇に指を置いてゆく。

いわゆる内緒のポーズである。その為に、みんな忘れてしまうのだ。人間の上唇の凹みはその痕だというのだ。

人の身体的特徴に限らず、妖精の痕跡とされているものは少なからず存在する。ジギタリス（和名キツネノテブクロ）の花に斑点があるのは、その中で眠る妖精が付けた足跡だ、などというのがその例だ。

まさしく『ぴえろ魔法少女シリーズ』第1作目としてこれ程素敵な導入はないだろう。

この後『ぴえろ魔法少女シリーズ』では芸能界デビューする魔法少女が何人も登場するが、シンデレラ同様、変身願望の先に、アイドルや女優があるのは卓見だろう。

またこの流れを汲み、かつプリキュアシリーズの成立に多大な影響を与えた作品『美少女戦士セーラームーン』（1992年〜）を忘れてはならない。

港区立十番中学校に通う月野うさぎは、ある日、額に絆創膏を貼られた黒猫を助ける。実はこの黒猫のルナは、月野うさぎの前世である古代の月の王国「シルバー・ミレニアム」の王女プリンセス・セレニティのお付きであり、人の言葉を話す。

この出会いにより、彼女は、ごく普通の中学生から、美少女戦士セーラームーンに、そして前世から結ばれていた地場衛（プリンス・エンディミオン）、そして他のセーラー戦士と出会ってゆくこととなる。

ルナは猫であり、月世界からのお供ではあるが、セーラー戦士のリーダーであるセーラーヴィーナスのお付きの白猫アルテミスと共に、妖精としてのポジションにある。うさぎの日常にとって異質なルナとの出会いによって、うさぎの運命は変調し回り始めた。

シリーズスタート30周年を経て、今でもリバイバル映画化、原作愛蔵版などが発売されるなど、今でも根強い人気があるセーラームーンはいわゆる「女児向け変身もの」のエポックメイキングな作品だとされている。

それは、恋愛要素を、主人公たちの目指す目的（セーラームーンでは世界の平和）と同一視したところにあるという。

確かに恋愛要素は、それまでの戦隊ものやヒーローものでは添え物的に扱われてきた。女子中学生が変身し、戦うというスタイルも新しく、斬新なコスチュームデザインなども相まって人気を博しており、セーラームーンがあったからこそ、プリキュアが成立したとするファンも多い。

また前世からの宿業として、月の王国、地球の古代文明の滅亡、また仲間であるセーラー戦士の死など、シリアスな設定が多数織り込まれつつも、パステルや水彩画を思わせる明るい背景、画面構成なども目を惹いた。

魔法少女まどか☆マギカ

この章で繰り返し述べてきた、コンテンツが求める妖精の役割とは「主人公を変容させ、そして物語を動かすこと」。それはとりもなおさず、妖精——Fairy の由来でもある。

そして異なる場所からやって来た客人であり、それ故に特殊な力を持っていること。

これらが当てはまる存在として『プリキュア』シリーズや『セーラームーン』その他、魔法少女モノの真逆を行くのが『魔法少女まどか☆マギカ』（2011年〜）のキュゥべえだ。

キュゥべえは、一見愛らしい小動物的な見た目をしていて、これはと思った少女の前に現れる。

そして願いを叶える代わりに、人々に災厄をもたらす「魔女」と戦って欲しいと言う。形としては、プリキュアなどと同じに聞こえるかも知れない。

しかしキュゥべえの「僕と契約して、魔法少女になってほしいんだ」。この言葉には裏がある。

人に災いをもたらす魔女とは魔法少女の成れの果てなのだ。

多くの人がどれだけ意識し律しても感情は揺れる。それが思春期であれば尚更である。絶望が希望を凌駕し、契約の時に生じた宝石、その実、魔法少女の魂を抜きだし固体化したソウルジェムが濁りきったとき、魔法少女は魔女と化す。

そして叶えて貰った願いや、人にもたらした希望と同じだけ災厄を振り撒くのだ。

キュゥべえの真の狙いはそこにある。

彼らはエントロピーの法則により、いつか熱量的死を迎えるこの宇宙の延命に、感情エネルギー、とりわけ思春期の少女の希望と絶望の相転移を利用しようとしていたのだ。

キュゥべえことインキュベーター（孵卵器の意味）の契約とは、効率よく魔女を生じさせ、それを駆逐し感情エネルギーを生産する魔法少女を生み出すことに他ならなかった。感情を持たない地球外生命体である彼らは、言葉巧みに、時に沈黙を利用し、その真意を隠していたのだ。

このどこまで言ってもわかり合えない価値観や関係性の齟齬は、人と妖精の間でも起こりうる。

多くの妖精譚を紐解けば現れるように、妖精は人と違った時間軸、価値観で生きている。人にとっての幸福が、妖精たちにとっても同じかは分からない。

例えばフーケの『水妖記（ウンディーネ）』に代表される水霊は、美しく、人と同じ姿をしていて、時に子をなすことも出来る。また貞淑な妻として評判を得ることもある。だが、多くの民話では、彼女たちは新生児の洗礼式で「この子はこれからこんなにも汚れた世の中を生きるのですね」と涙を流し、葬式で「やっと生きる苦しみから解放されたのですね」と手を叩いて喜ぶ。

外見が人に近く、また美しければ美しいほど、その異常さは際立つのではないだろうか。現実世界でも生まれた国が違うと、思ってもみなかった根本的な価値観で齟齬が生じるように、帰属する世界が異なる妖精であれば、それが歩み寄れない場合も当然あるだろう。

もちろん邪妖精的なキャラクターが登場するダークメルヘンが人気を得るのも、長く続いている「魔法少女」というジャンルがあってこそである。

このような妖精が登場する児童向けコンテンツは女児向けアニメだけなのだろうか？

確かに、妖精は可愛らしい姿をイメージしやすく、先にも取り上げたシンデレラのように相対的に女児が好むとされている作品に多く登場する。

だが、今章で提示した「通常人にはない、独自の特殊能力を持っている」「帰属する（もしくは戻る）世界があること」そして「主人公の運命を変えるきっかけとなる」この3点を、少し拡大してみると、ある著名な作品が浮かび上がってくる。

さて、冒頭の問いかけを振り返ってみよう。

「ドラえもんも妖精と言えるかもしれない」

ドラえもんの妖精的側面と妖精を育む土壌

ドラえもんは日本を代表するアニメキャラクターである。

22世紀からやってきたネコ型ロボットで、お腹の四次元ポケットから未来の道具を取り出し、様々な局面でのび太たちを助けてくれる。

……だが、ドラえもんには目的があってのび太のもとにやって来たことは多くの場合で忘れられている。

それは、のび太の将来を変えるためである。

のび太の玄孫であるセワシは、自分のお年玉がたった50円であったこと、また家族が貧乏であることの理由が、150年前に会社を設立するも倒産し、莫大な借金を抱えるに至ったのび太であることを知る。

自分たちが貧乏なのは、のび太が原因であり、もしのび太の人生を変えることが出来たら、きっと自分たちも不幸から、ひいてはお年玉が50円という貧乏から脱せられるのではないか、と子守ロボットであるドラえもんと一緒に、タイムマシンでお正月を満喫しているのび太のもとに現れたのだ。

もちろん、突然の来訪にのび太は驚く。しかし、セワシが持ってきたアルバムを見せられ、特に自分が憧れのしずちゃんではなく、ジャイ子と結婚している事実を知り、未来を変えるためにドラえもんを受け入れる。なお、これらの設定は最初期のてんとう虫コミックスの設定であり、時代を経て様々に変化していることは注意されたい。

その後ののび太とドラえもんの活躍は誰もが知っていることだろう。

異世界宇宙人、誰も知る者のいなかった海底人やイヌ型の知的生命体との出会い。

地球を救うために宇宙にまで飛び出すこともあった。

多くの冒険を経て、結果のび太は、しずちゃんと結婚する未来を勝ち得た。

まさに、ドラえもんは、コンテンツが望む妖精像を網羅しているではないか。

もしもドラえもんが、100年、200年前にやって来ていたとすれば、妖精ないしは、それに相当する存在として認知されたのではないだろうか。作中でも、過去にタイムトラベルしたドラえもんが、現地のキャラクターにタヌキの神様などと言われたことが何度かあった。

蛇足であるが、実際未来人が時間を遡り精霊王として君臨し事件を起こすという話が映画『ドラえもん のび太の日本誕生』（1989年）に公開されている。

魔法ではないが、のび太たちの時代からすれば魔法と等しい様々なアイテムを使い、ヒトとは違う姿をした存在。

なにより多くの場合、ドラえもんは、成長したのび太のもとを去り、未来へ帰って行く。

まさしく妖精的キャラクターである。

特に、このいずれは別れてしまうというのは非常に大事なポイントだと思う。

異類婚姻譚の代表格である人魚も、いつかは夫を地上に残し、海に帰ってしまう。

また、別離というのは、結ばれた2人とそれ以外という形でも起こる。

バラッドにも歌われる妖精女王に愛された詩人トマスは、7年の奉公を終え人間界に帰される。

しかし数十年の後、妖精女王は鹿の姿になってトマスを迎えに来る。そしてトマスは人の世界と別れることとなった。

彼らとの関わり、とりわけ友情や恋愛は、多くの場合、何らかの形で別離が伴うのだ。

出会い、縁が結ばれ、そして離れる。

民間伝承では、多くの場合、そこには痛みや不幸がつきまとうが、中には幸運を手に入れる者もいる。

例えば財布いっぱいの金貨であったり、音楽や踊りの才能である。

しかし、それはごく限られた場合であり、大多数が妖精から愛される資質を持つ者である。

気前が良く、嘘をつかず、親切であることが求められる。

ドラえもんと出会い共に暮らしたのび太が、どう成長し、どんな大人になったかは、しずちゃんとの結婚前夜、しずちゃんのパパから語られている。

「あの青年は人の幸せを願い、人の不幸を悲しむことのできる人だ

それがいちばん人間にとってだいじなことなんだからね」

多くの長編で、異星人や別次元の存在たちと友情を結んできたのび太は、同時に伝統的に妖精に好かれるといわれる人格を持ち合わせてもいると言える。

また未来の道具やタイムマシンなどSFには欠かせない道具を出しつつ、原作者藤子・F・不二雄氏も好んで使っていた「SF－少しだけ不思議」であるという点も、現代のおとぎ話、妖精譚と言えるのではないだろうか。

ここまで多くの妖精、そして妖精的なキャラクターに登場して貰った。

もちろんこれはまさしく氷山の一角で、すべてを拾い上げることは不可能に近いと思われる。

だが、なぜここまでさまざまなコンテンツに妖精が溢れかえっているのだろうか。

もちろん、妖精という存在と性質が、物語を進める上で都合が良いということや、妖精

という要素を好む一定の層をターゲットとするためというのがあるだろう。

だが、どれだけ制作者側に都合が良かろうが、魅力的な要素をもっているキャラクターだろうが、需要側に受け入れる素地がなければそれまでである。

では、なぜ妖精が日本のコンテンツに受け入れられるようになったのだろう。その素地はどこから、そしてどのように培われたのだろうか。

最後に、そのことについて見ていこうと思う。

終章　これからも広がる妖精郷

妖精も跋扈する

妖精が受け入れられる土壌とはなにか。

まず、日本には妖怪がいる。

鬼、天狗、河童らを筆頭とする、物の怪ともいわれる不思議で、奇っ怪な存在である。人の通わぬ淵には主《ヌシ》である大蛇が棲み、開かずの間には夜毎なにかの気配がする。一反木綿やろくろ首。田を返せと叫ぶ泥田坊や、夜な夜な顔と後頭部の2つの口でしこたま食べる二口女など、妖怪は至る所に存在し、非常にバラエティに富んでいる。

誰もが彼らの逸話のひとつふたつは知っているのではないだろうか。

彼らの多くは汎神論、自然崇拝、いわゆるアニミズムの思想から生み出された存在だが、中には、藤原実方の妄執が雀と化した「入内雀」など、人の怨念などが様々な理由から変化した存在もいる。

その数は限りなく、家の中、裏庭、近くの雑木林、それこそ街中にも彼らはいる。

水木しげるの『ゲゲゲの鬼太郎』シリーズ（1965年〜）や『妖怪ウォッチ』（ゲームは2013年〜、テレビアニメは2014年〜）など、今でも妖怪を取り扱ったコンテンツは常に人気がある。

それは妖怪の話では？　との声が聞こえそうだが、民俗学の一分野でもある妖精学では妖精と妖怪はほぼイコールであると考える。

例えば水の妖精を見てみよう。

日本で水の妖怪と言えば河童だ。

嘴《くちばし》のような尖った口をして、頭に皿があり、水かきや背中に甲羅がある姿は、日本人なら誰もが知っている。日本酒のイメージキャラクター（黄桜／清水崑）やサンリオには「カッパのカッピー」という愛くるしいキャラクターがいる。一方、ヨーロッパの水の妖精と言えば、人魚やウンディーネが挙がるが、もちろん他にも、ドイツ周辺にはニクスという髭面で老人の姿をした水妖がいて、竪琴の達人であるが、時に人を水の中に引きずり込む。

これらは同種の類型といってよいだろう。

また幸運を授けてくれる座敷童は、家憑き妖精の仲間と言っても過言ではないだろう。

屋敷妖精ブラウニーが、上等な服を貰ったり、粗雑に扱われると出て行くように、座敷童もまた家主がケチであったりすると、家を出て行くという。無論、ブラウニーも座敷童も見放された家が没落するところは同じだ。

妖精は美しいけれど、妖怪は……と言われることもあるが、そもそも妖精も美しい容姿をしているよりも、奇っ怪な外見をしている場合が多い。

その最たる例がナックラビーなどの死をもたらす妖精たちだ。スコットランドはオークニー諸島に出没するナックラビーは半人半馬、ケンタウロスのような姿をしているが、その体は皮膚がなく血管の浮き出た生肉だという。

また死を告げるバンシーは白い服を着た女性だが、目は真っ赤に泣き腫らしていて顔はそばかすだらけ。鼻の穴と歯は1つきりしかないという話もある。

妖怪にも美しいものはいる。

人魚もそうだし、雪女もその美しさで知られている。また動物由来の霊狐などは美姫に化けるという。

なにより日本の伝承には大変有名な妖精姫がいる。

それは浦島太郎に登場する乙姫だ。

浦島太郎伝説と妖精伝承

竜宮城に住む美しい姫である彼女は、海の主（ワタツミ）の娘とされる。この設定からして彼女が妖精と同じく太古の神に連なる存在だということが分かる。そもそも竜宮という時間の流れの異なる異界の主である。そして当たり前のように受け取ってしまう玉手箱であるが、300年の時間を3日に凝縮し、封じ込めていたのだから、相当なマジックアイテムと言える。

これらの点でも、前章で述べたコンテンツの求める妖精の共通点にもピッタリと当てはまる。

また、妖精学から少し補足すると、欧州には浦島太郎とほぼ同じ話が広く伝わっている。その中でも特に有名なのが、FGOにも登場するフィン・マックールの息子オシーンの話だ。

フィオナ騎士団随一の猛者であり、吟遊詩人でもあったオシーンは、ある日妖精姫ニアヴと出会う。

オシーンは彼女に誘われて白馬に跨がり波の向こうにある妖精郷ティル・ナ・ノーグ（アイルランド語で若さの国の意味。常若の国、青春の国とも訳される）に渡り、そこで3年の間、素晴らしい日々を過ごす。

しかし、募るのは望郷の思い。オシーンはニアヴに、父フィンや仲間のフィオナ騎士団の面々に一目会い、自分は幸せにやっていると安心して貰って、改めて別れを告げたいと頼み込む。

最初は断っていたニアヴだったが、根負けし、妖精郷に渡ったときに乗った白馬をオシーンに貸し与える。

——決して馬から降りてアイルランドの地に足を着けないでください。もし降りたら二度と私とは会えなくなってしまいます。

そう言われて彼は再び海原を駆けてアイルランドに戻ってくるのだが、そこは300年の年月が過ぎたオシーンの知らないアイルランドだった。

この後、浦島太郎と同じように、落馬したオシーンに300年の歳月が降りかかり、一気に老人と化してしまう。

東と西の国で同じようなお話が伝わっていることは非常にロマンを感じさせる。

また、妖精譚と日本の伝承にはさらなる共通点もある。彼らの生態はとてもよく似ているのだ。妖怪や物の怪は神として祀られることもある一方、逆に妖精が生まれるのと同じように、祀られていた神々が信仰を失い妖怪に身を堕とすことがある。

日本で神として認識される存在の中には、神社として社を構えるものがあるが、多くは、田の神様や山の神様と呼ばれ、限られた地方で、豊穣神として土地の人に崇められている。彼らの物語は古く、また多く伝えられている。

平安時代末頃に成立した説話集である今昔物語集には、小さな翁（老人）の姿をした水の精が登場する話（巻二十七第五話）や、今物語（1239年以降成立の説話集）では桜木の精が、愛しい人に化け出てきた話が収められている。

どうして日本にはこれほど多様な妖怪、物の怪、精霊が存在するに至ったのだろうか。

これらの背景には、前述の自然崇拝、汎神論という思想がある。

ヨーロッパと日本の信仰心と宗教

あらゆるものに神が宿り、魂を持つ。

日本人は昔から、自然物や、そこから派生するものや概念に神性が宿ると考えた。

伊勢神宮に鎮座する天照大神は太陽を神格化したものであるし、京都は伏見稲荷大社には稲穂の神である稲荷大神（宇《う》迦《か》之《の》御《み》魂《たま》）が祀られている。

また多くの神々には、和魂《にぎみたま》と荒魂《あらみたま》というふたつの側面がある。

和魂は、神霊の穏やかな面を表し、人民に豊かさや加護を与えてくれる。

一方の荒魂はその逆で荒ぶり、天災や疫病をもたらす。

だから日本の神たちは祀られることで、魂を鎮め、和魂として人々を見守ってくれる。

この辺りのニュアンスは「もののけ姫」のシシ神などにもよく表現されている。シシ神の夜の姿はデイダラボッチである。

日月の天体から風、木々、そして涙の一滴に至るまで神が宿る。また芸能や道案内など様々な事象に神格が当てられている。

そして神々も人と同じように、恋もすれば泣きもするし、時には命を落とす。

古事記、日本書紀に記されたこれらの神話の豊かさと面白さは多くの人が知っていることだろう。

加えてその多く、例えば天照大神の天岩戸隠れは日蝕を、素戔嗚尊《すさのおのみこと》の八岐《やまたの》大蛇《おろち》成敗は、斐伊川《ひいかわ》の氾濫を意味するというように、背景には自然現象があったり、天孫降臨、国譲りなどは、民族の大移動や政権、文化圏の変遷を意味しており歴史ロマンをかき立てる。

さて、他方で妖精についても、自然や太古の歴史が彼らの原型に影響を与えていることはこれまでにも何度も話してきた。

古代の人は今以上に、目の前で起きる事象に、あらゆる意味を見いだしてきたのだろう。雷が鳴れば、それは天の神の怒りであり、雷が稲妻となって田に落ちれば稲の実りを豊かにする。そして不幸にも落雷で死んだ動物は雷獣とされた。

いみじくも、妖精学者であるトマス・カイトリー（アイルランドの作家、歴史学者。1789〜1872年）が「The Fairy Mythology」（1828年）で、人々が妖精を想像する理由として次のように言及している。

「私たちの心の本性として、ある現象やできごとを見ると、何らかの原因がその裏にあって起こした結果だと考えたくなる。そして、これも同じくらい一般的にいえることだが、そういう現実にはたらいている原因は、〈無生物でなくて〉何か知性ある存在のしわざだと思いこみがちである。」

（The Fairy Mythology / 邦題『妖精の誕生』市場泰男訳より引用）

アイルランドにも、数多の神々と妖魔が国の支配権を争う神話群や、妖精と英雄が入り乱れる伝承が多く残されている。

汎神論に根ざした神話は日本に限らずイギリス等《など》にも存在していたのだ。それが、日本でここまで多くの妖精が親しまれている理由だろう。

また、ヨーロッパを見渡すとフランスにもメリュジーヌという半人半蛇の水の精霊が登場する異類婚姻譚が残されている。

では、妖精が広まる土地とそうでない土地は何が違うのだろうか。

そこには、宗教史が強く関係しているのではないだろうか。

宗教に影響される物語

欧州の在来宗教の多くが、キリスト教の布教が進み、その支配力が強くなるにつれ、衰退、吸収されていった。

古くからの農耕や牧畜などに根ざした祝祭日は、キリスト教の聖人の日になり、古の信仰対象の神々は、駆逐され悪魔とされた。その名残は、ハロウィンやソロモン72の魔神たちの出自など様々なところに見られる。

同時に、アイルランドなどで妖精は「ルシファーと共に天界を追われた天使たちだが、天に帰れるほど良くもなく、地獄に行くには善良すぎる堕天使たち」とされた。

各地に残された民話でも、妖精たちが、司祭などに「自分たちは最後の審判の日に天国の門を潜れるかどうか」と訊ねるものや、それこそ祈禱で妖精たちを追い払う話もみられる。

それでもアイルランドが妖精大国として今日に至るまで知られるようになった理由は、キリスト教を宣教した聖パトリック（アイルランド三大守護聖人の1人）が、土着の宗教を完全な悪魔であると排斥しなかったおかげで多くの神話、妖精譚が今日にまで伝えられてきたからだ。

その説話群には、英雄妖精として時に国外にも名を轟かせ、今でも様々なゲームやエンターテイメント作品に名を連ねる、女王メイヴと英雄クー・フーリンが活躍するクーリーの牛争い、フィオナ騎士団の物語も含まれる。

彼らは異教徒の象徴として、また古のシンボルとして描かれるが、中には存在そのものがキリスト教化してしまった神格もいる。

その最たるものが聖女ブリジッドだ。

彼女はアイルランド三大守護聖人の1人として東部を中心にして信仰を集めているが、彼女の本義はキリスト教以前の女神ブリキッドに遡る。

詩と鍛冶、家畜など、生活に関わるほぼすべての事柄を守護し、祝福する女神である彼女は、アイルランドの女神すべての名前をブリキッドと呼んでも構わないと言われるほどであった。

もちろんこの女神は、キリスト教からしてみれば布教の障害になるのは言うまでもないのだが、あまりに強すぎる神を魔に堕とすのは先住民の反感を買うどころか争いにもなりかねない。

そこで伝道において、彼女にキリスト教の聖女としての地位を与え、取り込むこととなった。

一説ではキルデアのドルイドの娘であった少女ブリジッドという立場を与えられた彼女は、キリストの教えに目覚め、修道女として様々な奇跡を起こし、アイルランドを守る聖女となった。

彼女への信仰は今でも生活に根ざしている。なだらかな丘に広がるパッチワークのような牧草地帯は、貧しくも清らかであった彼女のローブだと謳われているし、戸口に彼女の像を置き、出かけるときには不在中の家の安全を願い頭を軽く下げる習慣を持つ人もいる。

先にも述べたように、多くの古い神々と祖を同じにする妖精たちは、悪魔とされてきたが、それと同じくらい、彼らの逸話や民話がキリスト教由来の話として取り込まれ、布教に際し語られていった。

癒しの精霊が宿る泉は、聖なる井戸として。

北の島の浜辺の丸い小石は、修道士に恋した人魚の涙が固まったものとして。

そして不思議な魔法を使い時に人を惑わし、時に人を導く妖精の役割は、聖人、神父、そして修道女たちの役割として移り変わっていく。

傷ついた戦士を癒やす泉の精霊は、聖女や修道女の役割となり、謎を解くための旅路の果てで答えをもたらしてくれるのは森の王ではなく聖人となった。

さらに、もっとストレートに妖精たちがキリスト教の教理を匂わせる言葉を口にすることもある。

妖精女王と詩人の恋としても名高いバラッド「正直トマス」で、妖精女王は口にする。

　トマスがたらふく食べたとき
　女王様がいいました
　「向うの小山に登るまえに

わたしの膝を枕におやすみなさい
そうすれば　三つの不思議をみせましょう
「あの細い細い道がみえるかい
山査子と野ばらのしげる道
誰も行こうとしないけれど
あれが正義の道なのです
「あの広い広い道がみえるかい
百合の野原を走る道
天に通じる道と　ひとはいうけれど
あれは悪の道なのです
「あのきれいな道がみえるかい
羊歯の丘をめぐる道
あれは　おまえとわたしが今宵行く
妖精の国へいたる道

（『全訳　チャイルド・バラッド』第1巻、バラッド研究会編訳、音羽書房鶴見書店）

本来、妖精たちは善悪とは遠い存在であった。

また口伝で伝えられ、時代時代で変化する神話にも、キリスト教の色が差し込まれているときもある。

「リルの子供たち」として三大悲劇と名高いアイルランド神話では、邪法によって白鳥に変身させられた王子たちが再び人の姿に戻れるのは、900年後、北の王子と南の王女が結婚し、キリスト教の鐘が鳴ったときなのだ。

キリスト教は布教の際に、巧みに旧来の信仰や物語を利用したのである。

もちろん、矮小化した神である妖精たちのすべてがキリスト教化したわけではなく、辺境と言われる地では、聖人や聖母への祈りと同時に、ごく限られた地方の豊穣神として妖精信仰は残っていくことになるのだが。

このような宗教の変遷による神霊の零落は歴史的に見ても世界中で起こってきた。

もちろん日本でも。

それこそが、日本で妖精が愛される理由につながっている。

日本での妖精人気を宗教史から考える

日本には飛鳥時代の頃、仏教が伝来し、宗教戦争と呼べる物部氏と蘇我氏の戦いが起き、仏教は国家に認められてゆく。

その流れの中で、それまでの八百万の神への信仰（神祇信仰）は、西洋のそれと同じように排斥されたのだろうか。

そうではなかった。

神仏習合という思想が生まれたのだ。

「仏、菩薩が、姿を変えて現れたのが日本の神」という考え方だ。これは本地垂迹説として10世紀初頭に確立するが、それより前にも空海などにより緩やかに神仏は習合していたようだ。

やがて日本は神前でお経を上げたり、寺院の中に鳥居が立っているという独特の形が見られるようになってゆく。今でも寺院の中に稲荷社の鳥居が立つ光景などが見られるのはこれによる。もっともこれは仏教側の理屈で、神社側は逆に「八百万の神こそが本地で、神が姿を変えて現れたのが仏」との説を流布させたが。

流行神、動物神として人気を博した蛇神、白狐神などは西洋には見られない日本独自のものだ。

庶民にとって、どんな些細な願いにも、それぞれ願いを叶えてくれる神がいることは大変心強かったし、「一生に一度はお伊勢参り」のように、一種の娯楽として神社仏閣霊場への参拝をカスタマイズする文化も生まれた。

この段階で、既に新しいものを受け入れ、自国流にアレンジするのが得意な国民性が窺える。

そして、もうひとつ、見落とせないポイントがある。

それは付喪神である。

刀剣乱舞と精霊とキャラクター文化

和風ファンタジー作品などには欠かせない精霊である付喪神。だが、この存在は欧州の妖精と比べて特殊だと思う。

付喪神は自然物でもなければ、動物由来でもない。

物――人工物なのだ。

作り手の魂が宿るのではなく、長い年月、一説には100年を経て、精霊（魂）を得た道具たちが、化けて人を誑《たぶら》かしたりする。

室町時代の『付喪神絵巻』や京都・大徳寺真珠庵の『百鬼夜行絵巻』などでもそのユーモラスな姿を見ることが出来る。

妖怪の総称として付喪神の名前が使われた時期は、それほど広範囲ではなかったようだが、銚子などの器が化けて出る話などは室町時代の「化物草子」などに見られる。

またこれらに登場した付喪神たちは、他の物の怪と一緒に江戸時代の絵師、鳥山石燕（1712〜88年）の『画図百鬼夜行』に引き継がれ、水木しげるの『ゲゲゲの鬼太郎』シリーズにまで続いてゆく。

その中で、やはり平安時代の今昔物語集や鎌倉時代の宇治拾遺物語などに登場する付喪神たちは、私たちに馴染みのある妖怪よりも、いっそう曖昧模糊としていて不気味であり滑稽でもある。

こんな話がある。

東三条殿に式部卿宮である重明親王が住んでいた頃、築山の辺りに、三尺（約90センチ）ほどの小太りの人影が歩いている。

式部卿宮は度々見られるその影を不思議に思い、陰陽師を呼んで占わせた。

曰く、それは物の怪だが、人に害を為す類いではないと。

重ねて式部卿宮が「それは何の精だ」と訊ねると、陰陽師は「これは銅の器の精です。屋敷の南東の土中に埋まっています」と言う。

式部卿宮は命じてその場所を掘らせてみたが、何も出てこない。

すると陰陽師は、もう少し掘ってみてくださいと言うので、掘り進めると銅で出来た提《ひさげ》（鉉《つる》と注ぎ口のある小鍋型の酒器）が出て来た。

その後、確かに人影は見えなくなった。きっと銅の提が化けていたのだろう。

まさしく人工物が魂を持ち、人に化けたのだ。

他にも琴古主《ことふるぬし》という古い琴が変化したものや、靴が化けた沓頰など様々な付喪神が存在する。

欧州には、亡くなった細工師などが今でも工房に霊として現れるとか、作り手の思いがこもった事物が様々な怪異を引き起こすといった話はあるが、人工物が人型、ないしはそれに類する形をとって動き回るという話はあまり聞かれない。

付喪神が前面に出ているゲームと言えば『刀剣乱舞ＯＮＬＩＮＥ』（２０１５年〜）だろう。名だたる名刀に宿った付喪神を、審神者（プレイヤー）が人の形に励起し、歴史を守るこの作品は、一大刀剣ブームを巻き起こした。その人気はアニメだけでなく、舞台、ミュージカル、映画と様々なメディアミックス展開を見せている。

また、このブームにより、焼失したと思われていた燭台切光忠が再発見されたことも記憶に新しい。加えて太平洋戦争後の混乱時、行方不明になった蛍丸の再現刀の製作。上杉謙信・景勝の愛刀、山鳥毛購入等の瀬戸内市のクラウドファンディングが予想を遥かに超えた速さで集まったなど、ゲームの域を超えた動きが見られるのも特筆すべき点だろう。

アイルランドでフィールドワークをしている時に『刀剣乱舞』をプレイしていると、それはどんなゲームだと問われ、説明に四苦八苦したことがあった。説明された方も、なぜ刀が人の姿をとるのか今ひとつ理解し切れていないようだった。

自然物でさえない「もの」に精霊（魂）が宿るというのは、やはり西洋にはあまりない考え方のようだ。

なにより欧州の文化の基礎になっているキリスト教が、人間主義であるのも大きな理由だろう。

そもそも日本人は本質的に擬人化が好きなのかもしれない。

pixivなどのイラスト投稿サイトや、SNSなどを見れば、動植物や国産車などの擬人化作品が多く見られるし、国擬人化漫画『ヘタリア』(2006年(商業版は2008年〜))も有名であるし、平成から令和へ移り変わった時は元号を擬人化したイラストや4コマ漫画なども多く見られた。

こういったキャラクターを生み出す一連の思考は、日本人特有と言っても過言ではないだろう。

さまざまな自然物や信仰対象が具現化した妖精が日本で広まった一因に、「擬人化」文化があることは間違いない。

妖精たちの未来

日本が妖精という存在を受け入れ、かつ日本独自の進化をとげるに至った文化的背景についてここまでお伝えしてきた。

夏目漱石や森鷗外が、諸外国に渡った時代、欧州の文学に触れた彼らの前に現れた不思議な力を使う存在フェアリーを「仙女」と訳した。

確かにアーサー王伝説や童話などに出てくる魔法を使う美女たちは、馴染みのある説話や中国の伝説に登場する女の仙人に等しく映っただろう。

日本の神々ははっきりとした形で描かれることは少ないが、肉体を持って表現される美しい妖精たちの魔法に主人公が導かれ、時に翻弄される姿は斬新に見えたのではないだろうか。

自国の妖怪よりも、強く、具体的に運命に作用する力を持った妖精たち。

八百万の神たちは、遍在すれども姿は見えない。時に権現として現れるがそれはとても希有なこと。

しかし妖精たちは、人と変わらない質量をもって、その名前の由来の通り、強く人の運命に関与して描かれる。これは、日本の神々と妖精を区分する際の1つの線引きにはなろう。

オシーンを常若の国に誘った妖精姫ニアヴ。

アーサー王を翻弄し、ついにはアヴァロンに連れ去った妖姫モルガン・ル・フェ。姫と、その国を眠りと茨に包むきっかけを作った妖精の魔法使いたち。私たちと違う価値観、時間軸に生き、不思議な技を使う。戯れに現れては、ここではないどこかに誘う。それが妖精である。

伝統的妖精譚において妖精の登場は、悪魔の誘惑や悲劇の始まりに等しいが、エンターテイメント作品においては、主人公やキャラクターたちの成長や変化、そして物語を推進する変調剤（モディファイアー）となる。

どうして私たちは、物語を読むのだろう。

もちろん娯楽のためである。

だが同時に「慰め」のためでもあるのではないだろうか。

生活すること、ひいては生きることは、ある種の痛みを伴うことが多い。ままならない人間関係。己のことなのに自由にならない諸々のこと。それらのことを、ページを捲れば、電源を入れれば、アプリを起動すれば、一時の間忘れられる。

ある漫画家が、被災地の避難所で自著を読む子供がニュースに映り、ひどく感動したと語っていた。

自分の作品が、あの子の気持ちを少しでも楽に出来たら、と。

誰もが、いまより少しでも良くなりたい、気持ちを穏やかに、楽しくしたいと思って漫画や物語、ゲームなどのコンテンツを求める。

それは、まさしくFGOの妖精王オベロンが宝具「彼方にかざす夢の噺《ライ・ライム・グッドフェロー》」を使うとき呟く、

――わかっているとも……誰だって、今より少しだけ幸福になりたいんだろう？　いいとも――


この言葉そのままではないだろうか。

媒体としての物語は、本であったりソフトやハード、スマートフォンの中にある。

だが、本当の物語は、読者の、プレイヤーの心の中に展開している。

手に取った人の数だけ、その人の物語が、広がってゆく。

心を遊ばせたコンテンツは、まさしく現代の妖精郷ではないか。

と同時に、1本の映画、1冊の漫画で、人生が変わった、救われた人がどれだけいるだ

ろうか。まさしく運命を変える、妖精の魔法ではないか。

もしも、第2の視覚や、霊的素養関係なく、誰にでも出会うことが出来て、かつ何度でも好きなときに会える妖精がいるとしたら――それは、われわれの目の前にある作品たちなのかもしれない。

これからも、数多くの妖精が、私たちの前にやって来て、素晴らしい世界に導いてくれるのだろう。

スペシャルサンクス
龍郷舎（龍郷みさき、なかひろ）

星海社新書275

サブカルチャー妖精学《ようせいがく》

二〇二三年一〇月二三日 第一刷発行

著者 高畑吉男《たかはたよしお》

発行者 太田克史《おおたかつし》

編集担当 片倉直弥《かたくらなおや》

発行所 株式会社星海社
〒一一二-〇〇一三
東京都文京区音羽一-一七-一四 音羽YKビル四階
電話 〇三-六九〇二-一七三〇
FAX 〇三-六九〇二-一七三一
https://www.seikaisha.co.jp

発売元 株式会社講談社
〒一一二-八〇〇一
東京都文京区音羽二-一二-二一
(販売)〇三-五三九五-五八一七
(業務)〇三-五三九五-三六一五

印刷所 TOPPAN株式会社

製本所 株式会社国宝社

アートディレクター 吉岡秀典《よしおかひでのり》(セプテンバーカウボーイ)

デザイナー 榎本美香《えのもとみか》

フォントディレクター 紺野慎一《こんのしんいち》

校閲 鷗来堂《おうらいどう》

ISBN978-4-06-531923-9
Printed in Japan

275
SEIKAISHA SHINSHO

次世代による次世代のための

武器としての教養
星海社新書

星海社新書は、困難な時代にあっても前向きに自分の人生を切り開いていこうとする次世代の人間に向けて、ここに創刊いたします。本の力を思いきり信じて、みなさんと一緒に新しい時代の新しい価値観を創っていきたい。若い力で、世界を変えていきたいのです。

本には、その力があります。読者であるあなたが、そこから何かを読み取り、それを自らの血肉にすることができれば、一冊の本の存在によって、あなたの人生は一瞬にして変わってしまうでしょう。思考が変われば行動が変わり、行動が変われば生き方が変わります。著者をはじめ、本作りに関わる多くの人の想いがそのまま形となった、文化的遺伝子としての本には、大げさではなく、それだけの力が宿っていると思うのです。

沈下していく地盤の上で、他のみんなと一緒に身動きが取れないまま、大きな穴へと落ちていくのか？　それとも、重力に逆らって立ち上がり、前を向いて最前線で戦っていくことを選ぶのか？

星海社新書の目的は、戦うことを選んだ次世代の仲間たちに「武器としての教養」をくばることです。知的好奇心を満たすだけでなく、自らの力で未来を切り開いていくための〝武器〟としても使える知のかたちを、シリーズとしてまとめていきたいと思います。

2011年9月

星海社新書初代編集長　柿内芳文

SEIKAISHA SHINSHO